L'ENFANT
ET LE MONDE

L'ENFANT ET LE MONDE

Psychologie de l'enfant
État des lieux

Sous la direction de
Véronique Bedin et Héloïse Lhérété

La Petite Bibliothèque de Sciences Humaines
Une collection dirigée par Véronique Bedin

Maquette couverture et intérieur : Isabelle Mouton.

Diffusion : Seuil
Distribution : Volumen

38, rue Rantheaume
BP 256, 89004 Auxerre Cedex
Tél. : 03 86 72 07 00/Fax : 03 86 52 53 26
ISBN = 978-2-36106-304-7

Avant-Propos

PENSER COMME UN ENFANT

Il y a une génération, les psychologues envisageaient le monde intérieur de l'enfant comme un chaos fantasmatique peuplé de chimères : héros, princesses, animaux qui parlent, amis imaginaires, père Noël et autres monstres tapis dans les recoins. Bref, l'esprit de l'enfant, naïf et crédule, était celui de la « pensée magique ». En grandissant, l'enfant entrait dans le monde adulte : un monde réaliste, rationnel et ordonné. L'esprit de l'enfance s'évanouissait à jamais.

Depuis peu, on a complètement révisé ce jugement. Les chercheurs découvrent un bébé très doué, à l'esprit déjà bien organisé, compétent et réaliste. Roger Lécuyer avait titré l'un des premiers livres sur les compétences précoces *Bébés astronomes, bébés psychologues* (Mardaga, 1989). Il montrait que le nourrisson est un petit astronome qui acquiert même à distance les lois élémentaires de la chute des corps. Il est aussi psychologue : il sait comprendre les réactions et les manipuler… Plus récemment, Alison Gopnik a décrit le bébé comme un « chercheur » en herbe : une façon de dire qu'il est avide de savoir et ne cesse de s'interroger sur le monde. Il serait aussi « philosophe », au sens où il se pose des questions à propos de tout. Paul Bloom met au jour un bébé « cartésien » au motif qu'il a une conception dualiste des êtres : le bébé distingue spontanément les « objets » inertes, comme une table ou un arbre, et les « sujets », comme les animaux et les humains, qui semblent « animés » par un esprit, des désirs ou une volonté. Récemment, on vient même de révéler que le bébé est « kantien », ayant une conception du temps, de l'espace et de la quantité.

On est donc loin de l'univers magique d'il y a un demi-siècle. À la réflexion, il était d'ailleurs curieux de considérer les enfants comme une espèce à part, une peuplade exotique et primitive vivant dans un autre univers mental. Hier encore, nous étions tous enfants. Nous sommes-nous métamorphosés à ce point que l'esprit de l'enfance nous serait devenu un monde radicalement étranger ? Une amie m'a confié il y a peu que vers l'âge de 5 ans elle ne comprenait pas qu'on lui parle comme à une enfant, alors qu'elle comprenait parfaitement le langage des adultes. Une de mes cousines se souvient que, du haut de ses 6 ans, elle se sentait déjà responsable de sa propre maman. Un cousin se souvient que, dès 4 ans, il comprenait parfaitement ce que l'on attendait de lui : il fit mine un jour de s'émerveiller devant des cadeaux alors qu'il était pourtant déçu. Une amie me raconte sa révolte contre sa maman quand elle a découvert qu'on lui avait menti à propos du père Noël. Ce fut une révélation : comment croire ensuite à toutes ces histoires miraculeuses apprises au catéchisme et auxquelles bien des adultes semblaient encore donner crédit ? Je crois me souvenir qu'étant petit, je trouvais parfois très immatures les réactions de certains adultes en train de bondir de joie ou hurler de colère devant un poste de télévision durant la retransmission d'un match.

D'où vient cette idée que le monde de l'enfance serait un monde à part ? L'enfance est le temps des jeux. Mais beaucoup d'adultes jouent – aux cartes, aux boules… – ou font du vélo. Je connais même un sexagénaire qui fait des maquettes d'avions et un autre qui s'est remis au train électrique, la retraite venue. L'enfance est le temps des croyances magiques. Mais les religions, les superstitions n'en sont-elles pas aussi ? L'enfance, temps des apprentissages ! Certainement, mais les adultes continuent encore à apprendre, et à tous les âges !

Alors, qu'y a-t-il donc dans la tête d'un enfant ? Un mélange de rêveries et de réalisme, de chaos et d'ordre, de raison et de déraison. Ce n'est peut-être guère différent de ce qu'il y a dans la tête d'un l'adulte. L'âge en moins.

Jean-François Dortier

À quoi pensent les enfants ? Quelques acquis récents

La révolution des capacités précoces des nourrissons

De nouvelles méthodes d'observation des bébés montrent que le monde mental du nourrisson est loin d'être chaotique et irrationnel. Tour d'horizon.

Une méthode révolutionnaire

Comment savoir ce que pense un bébé ? Tant qu'il ne parle pas, il est difficile de se représenter ce qui se passe dans la tête du nourrisson. Au début des années 1980, une nouvelle méthode ingénieuse, inventée par Robert L. Fantz, allait permettre d'explorer cette *terra incognita* et de révolutionner les conceptions du développement de l'intelligence enfantine.

Tout part d'un phénomène connu sous le nom d'« habituation ». Cette méthode vise à découvrir les capacités du bébé à mémoriser, par des présentations successives d'un même événement ou objet. La décroissance de l'intensité de sa réponse (mesures de la durée de fixation visuelle, du rythme de succion ou cardiaque, etc.) indique que le bébé s'est habitué. Ensuite, on présente à nouveau l'événement, différent sur au moins une dimension, et les mêmes mesures permettent de vérifier si le bébé a perçu cette différence. Quand un objet nouveau (par exemple une image sur un écran) est présenté à un bébé, il le regarde fixement. Puis une fois habitué, ses yeux se détournent. Mais si quelque chose l'intrigue ou l'inquiète, alors le temps de fixation visuel se prolonge ; le bébé se met aussi à téter plus rapidement sa tétine, et son cœur s'accélère : c'est le signe d'un certain stress. On s'est ainsi aperçu que le nourrisson de quelques mois était intrigué de voir qu'un petit nounours, qui avait été placé sous ses yeux derrière un paravent, avait disparu quand on rebaissait le paravent ! Cela signifiait donc que le bébé de 5 mois avait conscience de la « permanence de l'objet » bien plus tôt que Jean Piaget l'avait affirmé. Ainsi, un bébé trouve étrange et anormal qu'un objet puisse s'évanouir d'un seul coup dans la nature. Sa représentation du monde est donc moins chaotique qu'on l'avait cru.

Le bébé naturaliste

Les nourrissons sont également aptes à percevoir certaines anomalies : si on montre à un bébé de 5 mois une boule rouge qui se déplace quand une autre boule la percute, il va s'intéresser à ce petit manège pendant un certain temps. Puis le spectacle va l'ennuyer et il va détourner le regard. Mais si une boule se met soudain à se déplacer toute seule, sans avoir été percutée par une autre, alors on voit l'enfant écarquiller les yeux, froncer les sourcils, et se mettre à téter avidement sa tétine. Le bébé est surpris et inquiet car il sait maintenant que les objets physiques ne se déplacent pas tout seuls. Bref, que le monde a une consistance, une stabilité et est régi par quelques lois. Il possède un sens de la causalité physique qu'on appelle « physique naïve ».

Toutes les notions que J. Piaget avait considérées comme d'apparition tardive – catégorisation, nombre, longueur, causalité – ont été soumises à ce type d'expérience. Et l'on a découvert que les bébés disposent de capacités plus précoces qu'on l'avait pensé.

La théorie de l'esprit

On a longtemps cru que l'enfant avait du mal à comprendre les intentions, désirs et pensées d'autrui. Lorsqu'un petit a peur de quelque chose, il se cache la figure avec les mains, comme si on ne le voyait plus ! Autant dire qu'il ne saisit pas le « point de vue de l'autre ». Les psychologues ont longtemps admis que les enfants d'avant 4-5 ans n'avaient pas de « théorie de l'esprit » (c'est-à-dire qu'ils ne savaient pas se représenter les pensées d'autrui).

Or en refaisant des expériences avec d'autres protocoles, on a découvert que dès 8 mois, l'enfant peut comprendre le point de vue de l'autre. Par exemple, il devine les intentions d'une personne qui cherche à atteindre un objet sans y parvenir (A. C. Brandone et H. M. Wellman, « You can't always get what you want : Infants understand failed goal-directed actions », *Psychological Science*, vol. XX, n° 1, 2009).

Le fait de se cacher le visage pour ne pas être vu relève d'un réflexe typique de la politique de l'autruche que l'on retrouve également chez les adultes. Lorsqu'il commet une infraction (vol à l'étalage, griller un feu rouge), un individu stressé a tendance à rentrer la tête dans les épaules et à ne pas regarder autour de lui, comme si le fait de fermer les yeux rendait invisible. On appelle cela « se voiler la face ».

Les enfants, acteurs de leur développement

Les parents ont tendance à croire qu'ils apprennent tout à leur enfant : marcher, parler, penser ou conquérir son autonomie. Et si tout cela n'était qu'une illusion ?

L'instinct du langage

Dans les années 1990, le psychologue Steven Pinker avait heurté de front les idées courantes sur l'acquisition du langage en affirmant que ce ne sont pas les parents qui apprennent à leur enfant à parler ; celui-ci apprend tout seul en captant les mots de son environnement. Depuis, la plupart des psycholinguistes se sont ralliés à cette thèse : les parents ne font que transmettre une (ou plusieurs) langue(s), en parlant autour d'eux. Mais ce sont les enfants qui captent seuls, et à une vitesse foudroyante, la plupart des mots et la grammaire de leur langue d'origine.

Un esprit avide de connaître

Les psychologues considèrent aujourd'hui que les capacités intellectuelles fondamentales – catégoriser, mémoriser, rêver, penser, raisonner, apprendre – ne viennent pas des parents. Les histoires racontées par les parents influencent sans doute les rêves de l'enfant, mais ne lui apprennent pas à rêver (G. Bléandonu, *À quoi rêvent nos enfants ?*, Odile Jacob, 2002). Les parents transmettent à l'enfant telle ou telle croyance, mais ne lui apprennent pas à croire (ou à douter). De même, les parents lui transmettent des connaissances, mais ils ne lui apprennent pas à apprendre. L'esprit de l'enfant est avide de connaître. Spontanément curieux, attentif, explorateur, il est considéré comme un chercheur en herbe (A. Gopnik, A. N. Meltzoff et P. K. Kuhl, *The Scientist in the Crib : What early learning tells us about the mind*, Paperback, 2000).

Quand survient, vers l'âge de 4 ans, l'âge du « pourquoi ? » et que l'enfant assaille ses parents de questions (« Dis pourquoi tu fermes à clé ? Pourquoi il fait miaou le chat ? Pourquoi il est noir ? », etc.), il manifeste l'attitude du chercheur en quête de réponses. La découverte de la mort, de la maladie ou de l'injustice suscite en lui des troubles existentiels et des angoisses quasi métaphysiques. Voilà pourquoi on considère de plus en plus l'enfance comme un âge philosophique.

Les émotions sociales fondamentales

En matière d'émotions non plus, il n'est pas sûr que les parents apprennent grand-chose aux enfants. On n'apprend pas à un enfant à rire, à se mettre en colère, à ressentir la joie ou la tristesse, l'anxiété ou l'enthousiasme. Un type d'éducation peut utiliser, à plus ou moins bon escient, la carotte ou le bâton, la menace ou la convoitise, mais il n'enseigne pas la peur ou le désir. Les méthodes d'éducation se greffent sur des émotions fondamentales – amour, haine, peur, envie, fierté, culpabilité, honte, quête de reconnaissance… – qui font partie du stock émotionnel de base de tout humain. Preuve que l'on n'apprend pas à aimer : même s'il est privé d'amour, un enfant peut tout de même aimer ses parents (S. D. Calkins et M. A. Bell dir., *Child Development at the Intersection of Emotion and Cognition*, American Psychological Association, 2010).

COMMENT PENSENT LES ENFANTS

- Ce que vivent les fœtus (*Jean-François Marmion*)
- De si savants bébés (*Roger Lécuyer*)
- Les théories du développement intellectuel chez l'enfant (encadré)
- La conquête de la raison (*Olivier Houdé*)
- La philosophie du bébé (Rencontre avec *Bernard Golse*)
- Comment l'enfant acquiert-il le langage ? (Rencontre avec *Michèle Kail*)
- Pourquoi les enfants jouent-ils ? (*Laurence Rameau*)
- Pourquoi les enfants aiment-ils les histoires ? (*Jean-François Dortier*)
- Comment les maths viennent à l'esprit (*Jean-François Marmion*)
- Comment l'humour vient aux enfants (*Héloïse Junier*)

CE QUE VIVENT LES FŒTUS

Avant la naissance, se réduit-on à un coq en pâte qui se laisse nourrir et porter dans son petit paradis cotonneux ? Pas du tout ! On sait désormais qu'un fœtus sent, réagit, apprend, catégorise et rêve. Il bâille, suce, touche, avale et sent. Trois mois après sa conception. Et ça n'est qu'un début : jusqu'à son entrée en scène, le fœtus, en coulisses, ne cesse de développer ses sens, sa motricité, et ses premiers apprentissages. Il est vivant bien avant de naître.

L'efflorescence des sens

Au commencement est la sensibilité. D'abord au froid, puis à la chaleur. La bouche est la première zone sensible au contact, avant que le toucher s'avère grossièrement fonctionnel à 25 semaines. Pendant ce temps, l'audition aussi se développe. Entre 10 et 20 semaines après sa conception, le fœtus réagit déjà aux sons, du moins à leurs vibrations, clignant des yeux après un bruit fort. Un mois après, il entend tout à fait : maman glougoute, gargouille et respire. Le sang qui circule, le cœur qui bat, l'intestin qui éructe forment un bruit de fond pouvant atteindre le volume d'une pièce, voire d'une rue animée. Par-dessus tout cela, plus nette car plus aiguë, se détache la voix de la mère. Celle du père, plus basse, ne deviendra pas familière avant la naissance. L'odorat, dont dépend le goût, se forme en parallèle. Le fœtus goûte ce que mange sa mère : vers la 35e semaine, il commence même à faire preuve d'une préférence goulue pour le sucré. Éprouve-t-il pour autant du plaisir à se nourrir ? Difficile à dire !

Dans le ventre maternel, on n'y voit goutte : le panorama n'étant pas des plus variés, la vue se développe tardivement. Certes, les yeux du fœtus remuent spontanément avant même qu'il puisse ouvrir les paupières, vers la 20e semaine. Mais il faut encore patienter près de deux mois pour que s'élabore lentement le système visuel. En fin de grossesse, le fœtus joue tout au plus les tournesols en se tournant vers de fortes sources de lumière. C'est après la naissance que sa vue, progressivement, va s'affiner. En attendant, il passe le plus clair de son temps à dormir (90 % environ à 32 semaines, un peu moins en fin de grossesse) : il alterne des phases de sommeil paradoxal, de sommeil profond, et d'un troisième type de sommeil, propre à la vie intra-utérine, et qui s'estompera donc à la naissance. On suppose qu'il rêve de ses sensations…

Qu'on se le dise, le fœtus n'est pas un spectateur qui se contenterait de découvrir passivement au fil de leur éclosion. Il est actif. Dès la 8e semaine, il présente de brusques mouvements des membres ; la semaine suivante, de tout le corps ; et la suivante encore, le voilà qui hoquette, produit de petits mouvements de mâchoire et porte la main à sa bouche. Simultanément, il se met à respirer son liquide pulmonaire. Au fil du temps, il exécutera jusqu'à une cinquantaine de mouvements par heure, même en dormant. Il explore son corps, gigote tout particulièrement en sentant sa mère rire, s'entraîne à arpenter la paroi utérine en poussant avec les pieds, exercice d'ailleurs plus confortable si un précédent bébé a élargi les lieux.

Culbuto dans l'utérus

Non content de sucer son pouce, pédaler et se trémousser, le fœtus apprend. Pas la liste des sous-préfectures, mais pas loin : si vous lui lisez régulièrement une histoire particulière en fin de grossesse, il la reconnaîtra et la préférera après sa naissance. Il n'aura rien compris à l'intrigue ni au sens des mots, mais il aura retenu le rythme, la prosodie, l'ambiance générale. Il se souviendra aussi du générique de *Touche pas à mon poste* ou *Questions pour un champion* si maman est une téléspectatrice fidèle. Il distinguera sa langue maternelle des autres. La familiarité le rassurera, la nouveauté l'excitera ou l'inquiétera. Un bébé dont la mère a vécu près d'un aéroport pendant sa grossesse ne sera pas réveillé par un bruit d'avion, mais par la musique. *In utero*, autant que le permettait la maturité de son cerveau, il aura donc appris à distinguer et associer des goûts, des bruits, des voix, et se verra capable de les identifier dans un monde tout autre après la naissance.

Ainsi le fœtus sent, agit, catégorise, rêve, pour autant que le permettent les étapes de sa maturation cérébrale. Dans quelles mesures ses toutes premières expériences vont-elles influer sur sa vie et son tempérament ? Quand peut-on dire qu'il devient conscient (à supposer que l'on s'accorde sur une définition de la conscience) ? Quand peut-on le considérer comme une personne ? Les points de vue là-dessus divergent mais la recherche foisonne.

Jean-François Marmion

Ils souffrent et stressent aussi

On a l'impression de faire référence au Moyen Âge, et pourtant c'est ainsi: jusqu'à la fin des années 1980, soit une dizaine d'années avant le premier plan français antidouleur, les bébés n'étaient pas censés souffrir. L'immaturité de leur système nerveux les rendait soi-disant invulnérables à la douleur: en conséquence, il n'était pas rare de les opérer sans anesthésie.

On sait aujourd'hui que les voies de la douleur d'un individu, à défaut d'être achevées, fonctionnent avant même sa naissance. Deux mois après sa conception, le fœtus réagit déjà quand il sent quelque chose affleurer ses lèvres; six semaines plus tard, tout son corps est sensible au contact. Il devient extrêmement réceptif à la douleur, plus qu'un bébé, un enfant ou un adulte, son cerveau mal paramétré ne paraissant pas encore capable de la localiser précisément, ni de l'inhiber (l'anesthésie s'avère donc indispensable lors d'une IVG). À la frontière entre douleur et déplaisir se situent sans doute les sensations intra-utérines éprouvées lorsque la mère absorbe de l'alcool ou des stupéfiants en général.

Mais alors, *quid* du stress? Le fœtus partage-t-il celui de la mère? Seulement s'il est très intense. Dans ce cas, le fœtus a un réflexe de plongée: son cœur ralentit de façon à ce que son cerveau se trouve oxygéné en priorité, à l'inverse de ce qui se passera une fois venu au monde.

Quant à la naissance, ne s'agit-il pas d'un « traumatisme », selon la formule célèbre du psychanalyste Otto Rank? Oui et non. Oui, parce que les hormones de stress du bébé qui naît battent tous les records: leur taux est plus élevé que celui de la mère, pire que pour un saut en parachute! Et en cas de complications, il peut être cent fois plus élevé que celui d'un adulte au repos. Non, car ce stress ne semble pas s'accompagner de douleur physique. Mais il déclenche, là encore, l'oxygénation ultraprioritaire du cerveau, processus fort utile pendant la compression du crâne. En tout cas, à défaut de traumatisme, il faudra attendre la mort pour vivre une expérience aussi intense…

J.-F. M.

DE SI SAVANTS BÉBÉS

Que savent les bébés ? Pour répondre à cette question, il faut d'abord distinguer deux types de savoir : ceux qui portent sur les faits et ceux qui portent sur leurs relations. Un nouveau-né sait reconnaître la voix de sa mère et la différencier d'une autre : c'est un savoir factuel. Dans les quarante-huit heures qui suivent, il apprendra à reconnaître son visage…

Le savoir qui porte sur les relations est d'une autre nature : un bébé de 6 mois comprend qu'un objet sans support devrait tomber. Si, par un stratagème, on lui montre un objet suspendu dans le vide et qui ne tombe pas, il manifeste sa surprise… Ce second type de connaissances est utilisé par l'être humain, du nouveau-né au prix Nobel de physique, d'une part pour classer le réel en catégories et sous-catégories, d'autre part pour mettre en évidence les relations causales entre les choses et événements. Concernant la classification, les bébés ne construisent pas de système de relations entre classes, mais ils sont capables dès avant la naissance de dégager un invariant quand une suite de *stimuli* leur est présentée. Cette condition est nécessaire pour qu'ils reconnaissent la voix de leur mère après la naissance, dans un contexte acoustique différent.

À 6 mois, les bébés sont devenus capables de distinguer des catégories de leur environnement comme les hommes vis-à-vis des femmes, les animaux *versus* les objets comme les véhicules ou les meubles, et, parmi les animaux, les chats par rapport aux chiens… De même, dans les quelques minutes que dure une expérience au laboratoire, un bébé de 3 mois saura dégager un invariant dans une suite de figures géométriques. Mais ces catégories ne sont pas fonctionnelles : il faudra en effet attendre la deuxième année pour que l'enfant comprenne la fonctionnalité d'une roue ou d'un meuble.

Les relations de causalité

Concernant les relations de causalité, il importe de distinguer deux cas : celui où le bébé est simplement spectateur et celui où il en devient un agent de l'action. Dans le premier cas, une situation prototypique est celle des boules de billard qui se percutent. Sur un écran, on montre une boule A qui s'approche d'une boule B puis la heurte. Deux cas se présentent alors : B part soit au moment du choc, soit une seconde après. Les bébés font la différence entre les deux situations. Si le délai entre le choc et le départ de B est d'un dixième de seconde, la relation est perçue comme causale par l'adulte et le bébé. Cette durée peut être prolongée si l'effet produit est important (départ de plus d'une boule). En bref, les bébés considèrent très facilement toute forme de contiguïté temporelle comme une forme de causalité. Ils apprennent ainsi très rapidement quantité de relations causales… vraies ou fausses, comme les adultes.

Si le bébé est un agent de l'action, deux cas se présentent à nouveau selon que la causalité porte sur des objets physiques ou des relations sociales. Dans le premier cas, le bébé ne devient un agent efficace que lorsqu'il parvient à coordonner son œil et sa main, autour de 5 mois. C'est à ce moment qu'il commence à acquérir des savoirs sur les objets qu'il manipule et devient un « bébé physicien ».

Dans le domaine du social, ses compétences sont plus précoces encore comme le montre l'expérience suivante. Plaçons un bébé de 2 mois et sa maman dans deux pièces différentes tout en leur permettant de communiquer *via* un circuit de télévision. Si, au bout de trente secondes, on remplace le direct par un enregistrement de la mère, le bébé va se désintéresser de l'écran, sourire moins souvent et a plus de chances de pleurer. Si on rétablit le direct, le sourire revient. Ceci signifie que le bébé perçoit bien les effets qu'il produit sur sa mère et qu'il est perturbé par la non-synchronie entre ses actions et les réponses de sa mère.

Un bon socle de connaissances

La capacité à catégoriser et à percevoir des relations causales est nécessaire pour construire une représentation du monde organisée et régie par des lois stables. Les bébés acquièrent ces connaissances progressivement. Ainsi les bébés de 4 mois et demi savent qu'un grand objet ne peut pas disparaître derrière un petit écran. Mais il faut attendre 7 mois et demi pour qu'ils apprennent qu'un grand objet ne peut par rentrer dans une petite boîte, et 12 mois et demi pour qu'ils comprennent qu'il ne peut pas disparaître sous cette boîte. Ces trois formes de relation de taille sont catégorisées différemment et donc les relations de causalité s'y appliquent indépendamment. De même, les bébés savent-ils qu'un objet qui n'est pas sur un support tombe, qu'un objet disparu continue d'exister, qu'un objet partiellement caché garde son unité, qu'un objet ne peut en traverser un autre…

S'ils vivent dans un monde d'images, ils savent percevoir la troisième dimension dans une image, ils savent aussi différencier des quantités continues ou discrètes, même s'ils ne savent pas encore compter. Ils ont donc une forme élémentaire de représentation, qui leur permet à un premier niveau de constater que le *stimulus* présent diffère du précédent, puis de tenir compte des propriétés d'un même objet détectées par de modalités sensorielles différentes, puis de tenir compte de propriétés d'un objet absentes du *stimulus*.

Ainsi, les bébés de 6 mois savent encore peu de chose, mais disposent déjà d'un bon socle de connaissances et de règles sur les moyens d'en apprendre plus.

Roger Lécuyer

Des milliards de neurones

À la naissance, le bébé dispose déjà de quelque 100 milliards de neurones. Mais le cerveau n'est pas encore structuré de façon définitive. Les connexions (synapses) vont se multiplier, responsables des apprentissages. Au cours de l'enfance, certaines connexions seront éliminées, pas assez stimulées par l'environnement, alors que d'autres se renforceront, formant un « câblage » performant. À 3 ans, le cerveau du bébé pèse 90 % du poids d'un cerveau adulte.

Les théories du développement intellectuel chez l'enfant

Les quatre stades piagétiens

Jean Piaget (1896-1980) conçoit l'intelligence comme la capacité d'adaptation à l'environnement. Elle se développe de manière linéaire au fil de quatre stades universels:
• *La période sensori-motrice,* jusqu'à 2 ans. Elle pose les jalons de l'exploration et de la connaissance du monde, par exemple avec l'acquisition de la permanence de l'objet.
• *La période préopératoire,* jusqu'à 6 ou 7 ans. Elle est marquée par le développement du symbolisme et notamment du langage.
• *Le stade des opérations concrètes,* jusqu'à 11 ou 12 ans. Il voit l'éclosion de raisonnements portant sur des objets, et la maîtrise de nouvelles compétences comme la conservation, la notion du temps, la classification.
• *Le stade des opérations formelles.* Le raisonnement scientifique est rendu possible par la conquête de l'abstraction, qui permet de raisonner sur des idées sans base concrète.

Le développement moral

Dans une perspective piagétienne, Lawrence Kohlberg (1927-1987) s'attache, dans les années 1950, à cerner différentes étapes sous-tendant le développement du sens moral, lui-même tributaire du développement cognitif. Il propose de discerner six stades répartis sur trois niveaux: le niveau de la morale préconventionnelle (de 4 à 10 ans environ, où l'enfant respecte les règles dans son propre intérêt), puis conventionnelle (qui voit l'intégration des conventions sociales), et enfin, chez certains sujets seulement, un niveau de morale postconventionnelle (où l'individu suit des principes moraux en son âme et conscience, en quelque sorte).

Le rôle de l'environnement

De Henri Wallon (1879-1962) à Jerome Bruner, nombreux sont les psychologues reprochant à Jean Piaget d'avoir négligé le rôle du milieu social, mais aussi la dimension affective, dans le développement intellectuel. La théorie socioculturelle du russe Lev Vygotski (1896-1934) décrit au contraire l'accompagnement du jeune sujet par l'adulte dans des « zones proximales de développement », amenant l'enfant à acquérir le savoir à sa portée. Le langage revêt un rôle crucial. Le développement dépend ainsi de normes non pas universelles, mais dictées par l'environnement socioculturel et historique de la famille. Dans les années 1970, la théorie de l'apprentissage social du Canadien Albert Bandura, issu du behaviorisme, souligne l'importance de l'imitation de modèles dans le développement, tandis que la théorie bioécologique de Urie Bronfenbrenner (1917-2005) stipule que tout organisme rencontre des circonstances plus ou moins favorables à son développement.

L'impact du cognitivisme

En psychologie cognitive, l'intelligence se définit comme le traitement de l'information effectué par quelques grandes structures (comme nos différents types de mémoire) *via* une multitude de processus. Des néopiagétiens, comme le Canadien Robbie Case dans les années 1990, s'efforcent de concilier cognitivisme et approche piagétienne pour décrire comment l'enfant perçoit, apprend, se souvient… Par exemple, l'automatisation du traitement de l'information au fil de l'apprentissage permet de désengorger la mémoire de travail et de stocker davantage d'éléments en mémoire à long terme.

Parallèlement, un courant de recherche se développe autour de la cognition néonatale et des compétences précoces du nourrisson, avec des chercheurs comme Renée Baillargeon, Elisabeth Spelke, Stanislas Dehaene, Roger Lécuyer ou Alison Gopnik. Tous prouvent que le bébé connaît beaucoup plus de choses qu'on le croyait auparavant.

Les théories évolutionnistes

Inspiré par l'évolution biologique, Robert Siegler, professeur de psychologie cognitive à Carnegie Mellon University (États-Unis), décrit comment l'enfant découvre des stratégies et sélectionne les plus adaptées pour un type de tâches spécifiques. Pour le Français Olivier Houdé, il est tout aussi important d'acquérir de nouvelles stratégies que d'inhiber celles qui s'avèrent inappropriées dans une situation donnée. Ce processus d'inhibition dépend de la maturation du lobe frontal. L'intelligence de l'enfant connaît en réalité plusieurs types de développement indissociables : cognitif, affectif, socioculturel, cérébral, physique…

Jean-François Marmion

LA CONQUÊTE DE LA RAISON

Pour tester la solidité du raisonnement d'un enfant, dites-lui que (a) « les éléphants sont des mangeurs de foin » et (b) « les mangeurs de foin ne sont pas lourds ». Demandez-lui ensuite si cela veut dire que (c) « les éléphants sont lourds ». Les enfants d'école primaire (6-12 ans) répondent souvent que oui, alors que rien ne leur permet de déduire logiquement cette conclusion des prémisses du syllogisme, c'est-à-dire des deux premières phrases (a et b). Il a été démontré que la difficulté de ce type de tâche de raisonnement au cours du développement est de parvenir à inhiber le contenu sémantique de la conclusion, c'est-à-dire ici la forte croyance des enfants quant au poids des éléphants. D'où leur réponse automatique et intuitive.

Piaget remis en cause

En fait, il y a trois systèmes cognitifs dans le cerveau. L'un est rapide, automatique et intuitif (le système 1). L'autre est plus lent, logique et réfléchi (le système 2). Un troisième système, sous-tendu par le cortex préfrontal, permet l'arbitrage, au cas par cas, entre les deux premiers. C'est ce système 3 qui assure l'inhibition des automatismes de pensée (système 1 : par exemple, « les éléphants sont lourds ») quand l'application de la logique (système 2) est nécessaire. Chez l'enfant, les deux premiers systèmes se développent en parallèle car les bébés ont déjà des capacités logiques, mais le troisième système et sa capacité inhibitrice arrivent plus tard. Ce cerveau dit « exécutif » dépend de la maturation du cortex préfrontal.

Historiquement le système 2, logique, a d'abord été mis en valeur. C'est le *logos* d'Aristote dans l'Antiquité (les syllogismes). C'est ensuite la méthode de Descartes et ses « règles pour la direction de l'esprit » à la Renaissance. C'est enfin, au XXe siècle, l'intelligence logico-mathématique chez l'enfant étudiée par Jean Piaget de l'université de Genève.

Selon Piaget, le système 2 se développe de façon linéaire et cumulative, selon des stades successifs. C'est ce que l'on peut appeler « le modèle de l'escalier » : du stade sensori-moteur (sens et actions) chez le bébé (0-2 ans) au stade conceptuel et logique (nombre, catégorisation, raisonnement), d'abord concret chez l'enfant (vers 7 ans), puis abstrait chez l'adolescent (vers 12/14 ans).

Le problème est que, depuis les années 1980, Daniel Kahneman, prix Nobel d'économie en 2002, a découvert que les adultes font encore de nombreuses erreurs systématiques de raisonnement logique liées à des biais cognitifs. On appelle ces biais des « heuristiques » de jugement, c'est-à-dire des stratégies très rapides, très efficaces – donc économiques pour le cerveau –, qui marchent très bien, très souvent, mais pas toujours. Ce système de pensée est en fait le plus sollicité : le système 1, c'est le « héros », écrit D. Kahneman. Les algorithmes du raisonnement (système 2), ces stratégies logiques qui conduisent toujours à la bonne solution, ne sont que très rarement appliqués.

Des bébés logiques et rationnels

Par exemple, si l'on demande à des étudiants de l'université de vérifier le syllogisme (a) « toutes les roses sont des fleurs », (b) « certaines fleurs fanent vite », donc (c) « certaines roses fanent vite », une grande majorité indique que c'est correct ! Cette réponse est à l'évidence biaisée car il se peut qu'il n'y ait aucune rose parmi les fleurs qui fanent vite. Mais la conclusion est crédible (certaines roses fanent vite, en effet) et la logique des adultes est ici court-circuitée par l'intuition, comme celle des enfants.

En même temps, la psychologie découvre que les bébés, contrairement à ce que disait J. Piaget, sont déjà très logiques et rationnels. Les chercheurs parlent même de capacité de « pur raisonnement » dès 12 mois ! Il y a donc, comme souvent en science, un réel paradoxe à comprendre.

En fait, on s'aperçoit que le développement de l'enfant est biscornu, accidenté, c'est-à-dire, en termes plus scientifiques, dynamique et non linéaire, avec des avancées et des reculs. À tous les âges, du bébé à l'adulte, l'intuition et la logique (systèmes 1 et 2) peuvent entrer en compétition dans le cerveau et il faut un système 3 d'arbitrage pour inhiber les erreurs de raisonnement qu'induit le système 1. Ce système 3 devient dès lors le réel héros de l'histoire. Il ne dépend pas seulement de la maturation anatomique (lente) du cortex préfrontal, mais peut aussi faire l'objet d'apprentissages ciblés à l'école, dès la maternelle. C'est ce que j'appelle une pédagogie de la « résistance cognitive ».

Le rôle de l'inhibition

Avec mon laboratoire, nous avons étudié ces dernières années le rôle de cette capacité d'inhibition dans de nombreux domaines du raisonnement, mais retenons l'exemple le plus emblématique historiquement : celui de la tâche de conservation du nombre jadis inventée par Piaget. Face à deux rangées de jetons de même nombre mais de longueurs différentes (après l'écartement de l'une des deux rangées), jusqu'à 7 ans, l'enfant considère « qu'il y en a plus là où c'est plus long ». L'observation reste valable en 2015 ! Piaget croyait que l'enfant n'était pas logique. D. Kahneman dirait qu'il est dominé par son système 1 : dans ce cas, l'heuristique « longueur = nombre ».

Sur cet exemple, nous avons pu démontrer expérimentalement à la fois par la chronométrie mentale (mesure des temps de réaction en millisecondes) et par l'imagerie cérébrale (IRMf) que ce qui pose réellement problème aux enfants d'école maternelle, avant « l'âge de raison » (7 ans), n'est pas, comme le croyait Piaget, l'invariance du nombre en tant que telle, déjà observée chez les bébés, mais l'intervention de leur cortex préfrontal (système 3) pour inhiber l'heuristique « longueur = nombre ».

C'est aussi important pour comprendre les difficultés à l'école primaire. Par exemple, on sait qu'en classe les enfants buttent souvent sur des énoncés verbaux du type : Louise a 25 billes. Elle a 5 billes de plus que Léo. Combien Léo a-t-il de billes ? Fréquemment, l'enfant ne parvient pas à inhiber l'heuristique implicite « il y a le mot "plus" alors j'additionne » (25 + 5 = 30) afin d'activer l'algorithme de soustraction (25 - 5 = 20). Inutile donc de lui répéter, au-delà du nécessaire, les règles de l'addition et de la soustraction (déjà maîtrisées). C'est plutôt, dans ce cas, l'inhibition de l'automatisme lié au « plus » qu'il faut exercer ! Inhiber pour bien raisonner.

Olivier Houdé

Les stratégies de pensée

Pour raisonner, le cerveau utilise trois stratégies de pensée :

• Le système 1 désigne les formes de pensée rapide, souvent guidées par l'intuition. Ce système est efficace mais engendre de nombreuses erreurs liées à des biais cognitifs (Daniel Kahneman, *Système 1/système 2. Les deux vitesses de la pensée*, Flammarion, 2012).

• Le système 2 désigne une pensée plus lente et réfléchie. C'est la « pensée logico-mathématique » décrite par Jean Piaget (1896-1980) qui a étudié comment se développait l'intelligence de l'enfant (*La Psychologie de l'intelligence*, 1942).

• Le système 3 met en avant le rôle de l'inhibition. Lorsque les systèmes 1 et 2 sont en concurrence, l'inhibition sert d'arbitre pour corriger les erreurs de raisonnement du système 1 (Olivier Houdé, *Le Raisonnement*, Puf, 2014 et *Apprendre à résister*, Le Pommier, 2014).

LA PHILOSOPHIE DU BÉBÉ

Rencontre avec Bernard Golse

« Le bébé est une personne », cette expression suggérée par la très médiatique Françoise Dolto, et gravée dans le marbre par un film télévisé de Bernard Martino dans les années 1980, est certes passée dans le grand public. Mais au final, que savons-nous exactement des bébés ? Que faire de toutes ces connaissances accumulées et éparpillées sur leur développement, leur intelligence, l'importance de leurs affects... ? Comment peuvent-elles aider à mieux traiter, éduquer, respecter ces petits êtres devenus un bien relativement rare et extrêmement précieux dans nos sociétés avancées ?

Professeur à Paris-V, Bernard Golse est l'un de ceux qui offrent une vision globale et actualisée de la connaissance du bébé. Chef du service de psychiatrie infantile de l'hôpital Necker (après avoir longtemps travaillé à l'hôpital Saint-Vincent-de-Paul), où se conjuguent les recherches en génétique, en neuroimagerie et en neuropédiatrie, ce spécialiste internationalement reconnu anime aujourd'hui tout un courant de recherches dans le champ de la psychiatrie périnatale qui vise à relier les acquis des neurosciences avec ceux de la psychologie développementale. Il a d'ailleurs fondé avec Daniel Widlöcher, Alain Braconnier et Lisa Ouss, la branche francophone de la Société internationale de neuropsychanalyse, jusque-là limitée aux pays anglo-saxons.

À propos du bébé, un dialogue est en train de s'établir entre les pédopsychiatres, les psychanalystes et les recherches en neurosciences.

Je pense effectivement à ce sujet que nous vivons une période très exaltante. Les avancées des neurosciences viennent en effet résonner très fortement avec les intuitions de la psychanalyse, et sur le bébé en particulier. L'hôpital Necker est d'ailleurs un endroit privilégié pour cela. Nous avons par exemple développé un programme de recherche centré, en première année de vie du bébé, sur ce que l'on appelle les précurseurs corporels et relationnels de l'accès de l'enfant au langage et à la communication. Cette préoccupation est évidemment en lien avec nos recherches sur les enfants autistes, tout en faisant avancer la connaissance sur tous les bébés.

Pour la psychanalyse, il existe des moments d'interactivité intense où le bébé rassemble toutes les sensations qui viennent de l'adulte avec lequel il est en relation : par exemple, pendant la tétée, la voix de la mère, son odeur, le goût du lait, le rythme de ses mouvements, ses mimiques, ses regards... Ce sont ces moments qui lui permettent de se différencier et de commencer à pressentir que cette personne d'où lui viennent toutes ces sensations est bel et bien extérieure à lui. C'est ce que Donald Meltzer appelait le « mantèlement » des sensations, qui alterne avec des moments de « démantèlement » où le bébé est moins réceptif à cette extériorité de l'autre... Ce psychanalyste avait montré que chez les enfants autistes, le démantèlement était un mécanisme de défense à l'encontre de l'angoisse de différenciation.

Or les sciences cognitives nous apprennent aujourd'hui (par des électro-encéphalogrammes très sophistiqués) que, pour percevoir un objet comme extérieur à soi-même, il faut pouvoir le percevoir par plusieurs canaux sensoriels à la fois : le toucher, la vue, l'ouïe... C'est ce qu'elles appellent le processus d'accès à l'intersubjectivité, concept qui est devenu un point de rencontre fondamental entre les neurosciences et la psychanalyse : l'intersubjectivité désigne l'idée que le bébé ressent qu'il existe un espace entre lui et l'autre, et que cet espace est comblé, franchi par la communication. Pour les cognitivistes, il est nécessaire, pour cela, que le sujet soit capable de rassembler les différents flux sensoriels qui émanent de l'autre, ce qui, pour la psychanalyse, signifie sortir de la fusion. À cela vient s'ajouter la neuroimagerie cérébrale, qui observe l'activité des différentes zones cérébrales, et notamment le lobe temporal supérieur qui comporte une zone spécifique permettant de reconnaître le visage, la voix, le rythme des mouvements de l'autre, et qui a pour mission d'articuler ces informations entre elles. Chez les enfants autistes, ce seraient ces articulations qui ne fonctionneraient pas correctement…

Comment concevez-vous le développement de la pensée chez le bébé ?

Je dirai tout d'abord que l'une des grandes chances du bébé humain est qu'il lui manque un certain temps de gestation. Le petit humain naît beaucoup plus prématuré (par rapport à l'adulte) que chez les autres espèces. Le poulain, le veau marchent immédiatement ; la néoténie est un trait spécifique de l'espèce humaine. C'est peut-être une solution relativement risquée, mais c'est finalement une énorme ouverture pour la construction du cerveau. Dans la synaptogenèse – processus grâce auquel les liaisons entre synapses et neurones se mettent en place –, il existe deux grandes étapes : l'une se produit pendant la grossesse (au 7e ou 8e mois), et pour nous humains, la seconde vague a lieu après la naissance, sous l'influence de l'environnement. Ce qui donne probablement une grande place, une grande importance à l'épigenèse et fait que nous sommes moins prisonniers de notre génome que les autres espèces, chez lesquelles ces deux étapes s'accomplissent *in utero*.

Au début, pour être capable de penser, puis d'interagir et ensuite de parler, le bébé a besoin à la fois de son corps et de la relation avec l'autre. Si l'on ne prend en compte que le corps, on forge alors des modèles purement organicistes et assez réducteurs, mais si on ne prend en compte que la relation, on se réfère à des modèles éthérés et très désincarnés. Par ailleurs, Jean Piaget avait raison lorsqu'il parlait d'une pensée sensori-motrice : la pensée et l'action sont simultanées dans le développement. Le bébé ne peut percevoir que ce qu'il agit. Par exemple, à partir de quatre mois environ, il met en place dans son comportement ce que nous appelons, avec Geneviève Haag, des « boucles de retour » : un geste du bras qui va de lui vers le père ou la mère et revient à lui. Ce geste indique qu'il comprend la différenciation et ressent par son corps que quelque chose (de l'ordre des émotions principalement) circule entre lui et l'autre… C'est par ce geste qu'il le ressent : l'action et la pensée sont intimement liées.

En fait, les dix-huit premiers mois de la vie sont principalement consacrés à ce travail psychique de séparation et de construction de la relation avec l'environnement. Donald W. Winnicott parlait de la mise en place du sentiment d'exister, et j'ajouterai, à la lumière des travaux, de J. Bowlby d'une base de sécurité interne. Les apprentissages cognitifs ne viennent qu'après. Cela n'a aucun sens de vouloir apprendre à compter au tout petit bébé par exemple... même si l'on sait maintenant que le bébé a certaines compétences qu'il utilise pour décrypter le monde, un sens du nombre, un calendrier interne... Mais les apprentissages cognitifs – voulus par l'adulte – ne peuvent venir qu'après un certain nombre d'acquisitions spontanées. Il existe dans nos sociétés une sorte de *forcing* pour que le bébé ne soit pas trop longtemps bébé : pour qu'il marche tôt, pour qu'il soit propre... Même le matériel de puériculture est aujourd'hui conçu dans cet esprit : les petits transats de bain par exemple, qui permettent de ne plus tenir le bébé dans ses bras, répondent certes à des soucis de sécurité, mais ils éloignent le bébé du contact avec la personne qui s'en occupe... L'idée de mettre les enfants à la maternelle dès 2 ans montre aussi une tentation de leur faire apprendre le plus vite possible. L'expression « mat'sup » qui s'est généralisée, avec un certain humour certes, pour désigner la dernière année de maternelle, est bien emblématique de cet état d'esprit. Or le droit à l'enfance fait pour moi partie des droits de l'enfant. Le respect des rythmes de l'enfant est essentiel pour que son développement soit harmonieux, et les acquisitions forcées, comme par exemple vouloir faire marcher un bébé trop tôt, ne donnent rien de bon. Si le bébé n'a pas le temps suffisant d'être bébé, les fondations ne seront pas bonnes...

Vous dites aussi que le bébé est un grand philosophe. Pouvez-vous expliquer ?

D'une part, le bébé a un énorme pouvoir. C'est lui qui engage la relation avec nous. C'est en ce sens que le bébé est un acteur, comme l'a bien montré Terry B. Brazelton. Cette compétence particulière d'être orienté immédiatement vers l'autre, les bébés autistes ne la possèdent probablement pas. En outre, très tôt, le bébé essaie de repérer des invariants dans le fonctionnement de la mère, du père, de l'environnement. Ce travail d'abstraction lui permet de se forger des représentations mentales : il va ainsi se donner une théorie du monde qui l'entoure. Je dis aussi qu'il est un poète, par cette capacité spécifique que nous perdons en grande partie à l'âge adulte de traiter les informations en les transposant d'un canal sensoriel à l'autre : du canal tactile au canal visuel par exemple. C'est ce que les neurologues appellent la transmodalité, et c'est une aptitude que nous perdons en partie à l'âge adulte. Seuls les poètes, les artistes la possèdent en partie. Donc quand on est théoricien et poète, je dis que l'on est philosophe…

Propos recueillis par Martine Fournier

COMMENT L'ENFANT ACQUIERT-IL LE LANGAGE ?

Rencontre avec Michèle Kail

Quelles sont les grandes étapes d'acquisition du langage par l'enfant ?

Tout d'abord, l'acquisition du langage commence bien avant l'apparition des mots. Les recherches menées depuis une trentaine d'années sur les compétences du nourrisson ont montré que dès la naissance, voire dès les derniers mois de la grossesse, le bébé commence à percevoir les sons, la prosodie (c'est-à-dire la « musique » de la voix), et à en tirer des leçons. Car son écoute n'est pas passive, le nourrisson repère et discrimine. Puis il doit sélectionner dans le flux sonore les phonèmes pertinents de sa langue maternelle. Tous les bébés sont capables de reconnaître tous les phonèmes des langues du monde.

Progressivement, les bébés perdent cette aptitude universelle à entendre et reproduire. Voilà pourquoi, passé un certain âge, on ne peut plus apprendre une langue étrangère sans accent. Selon l'heureuse formule de Patricia Kuhl, le bébé est un citoyen du monde qui devient ensuite un expert d'une langue particulière.

Parallèlement à l'écoute, l'enfant commence à s'exprimer. Le babillage apparaît vers 7 mois sous la forme de consonnes et de voyelles répétées (« ba, ba, ba »). Les premiers mots apparaissent au cours de la deuxième année. Ils prennent d'abord la forme d'un schéma harmonique de répétition de deux syllabes proches (« tato » pour gâteau). Du point de vue de la signification, ces premiers mots sont des « mots-phrases » : « tato » signifie le plus souvent « je veux du gâteau ».

Puis le lexique s'enrichit au fil des mois suivant. Ce développement n'est pas linéaire. Autour de 18 à 20 mois selon les enfants se produit une véritable « explosion lexicale » : l'enfant peut alors produire de 4 à 10 mots nouveaux par jour ! Cela dit, on observe de grandes différences d'un enfant à l'autre, et il ne faut pas toujours s'inquiéter d'un « retard » de langage. Un enfant peut avoir une compréhension étendue, mais une production limitée.

Et la grammaire ?

Dans le domaine de la grammaire, les tâches de l'enfant sont multiples. Car il doit apprendre à reconnaître à la fois les éléments grammaticaux (exprimer le pluriel, le futur, le passé) et leur organisation en repérant ce qui fait varier le sens.

La façon dont l'enfant acquiert la grammaire fait l'objet de débats. Pour Noam Chomsky, l'enfant n'apprend pas vraiment la grammaire, il ne fait qu'activer des règles innées et universelles qui ont des formes spécifiques dans une langue donnée. Cette théorie a eu longtemps une position prépondérante en psycholinguistique.

Mais d'autres modèles lui font concurrence. Ainsi Dan Slobin, pionnier des études comparatives entre langues, a forgé une théorie des « principes opérationnels ». Selon lui, dans toutes les langues du monde, les enfants se conforment à des principes généraux tels que « faire attention à la fin des mots » ou « faire attention à l'ordre des mots ». Ce faisant, il parvient à filtrer les règles de compositions propres à chaque langue. Michael Tomasello propose une autre vision de l'acquisition de la grammaire. Pour lui, l'enfant ne procède pas par inférences de règles ; il reproduit des modèles généraux d'organisation tels que « veux bonbon », « veux boire », « veux ballon », soit « veux + X », ou « encore bonbon », « encore manger », donc « encore + X ». Puis il assemblera le tout en formes complexes : « je veux encore des bonbons ».

Cela dit, si ces visions de l'acquisition grammaticale sont divergentes, les oppositions frontales tendent à s'estomper. Car les modèles se complexifient, s'enrichissent de nouvelles données qui les contraignent fortement.

Justement, qu'en est-il des grands modèles explicatifs sur l'acquisition ?

Le débat inné/acquis a longtemps dominé les études sur l'acquisition du langage, mais aujourd'hui les joutes célèbres qui ont opposé Piaget et Chomsky sont moins à l'ordre du jour. Car les nouvelles approches de l'acquisition du langage ont fait se déplacer les débats.

Tout d'abord, les modèles de développement actuels tentent de prendre en compte à la fois les dynamiques internes et l'offre environnementale. L'enfant manifeste un intérêt spontané pour le langage et est actif dans l'apprentissage, cela n'est plus à démontrer. Les phases de maturation linguistique sont assez universelles ; pour tous les enfants, la productions de mots isolés est suivie de la période de la combinaison des mots, qui marque l'entrée dans la syntaxe autour de 20 mois. De même, vers 4 ans, les bases fondamentales du langage sont acquises. La dynamique de maturation suppose à la fois des dispositions du cerveau et l'apport des *inputs* langagiers extérieurs, comme le montrent les modèles cérébraux d'épigenèse[1].

De même, si l'existence de modules spécialisés du langage (dans le lexique, la grammaire, la phonologie) est bien attestée chez l'adulte, l'idée que ces modules soient innés, et donc préprogrammés, s'est assouplie avec les recherches sur la plasticité cérébrale. Les études récentes d'enfants ayant subi des lésions cérébrales périnatales avant 6 mois montrent que leurs capacités de récupération du langage sont presque totales vers 5 ans, et ce quel que soit l'hémisphère lésé, droit ou gauche.

Ce constat est remarquable : il suggère que la latéralisation du langage dans l'hémisphère gauche n'est ni innée ni irrévocable. La localisation du langage dans l'hémisphère gauche (aire de Broca) que l'on observe chez l'adulte n'est pas un processus intégralement préprogrammé, mais il se met en place rapidement au cours du développement.

Enfin, un autre axe de recherches actuel concerne les liens entre le langage et les autres capacités cognitives, comme la perception, l'attention ou la mémoire de travail. Le fait que certains

1- Étude des influences des facteurs extérieurs aux gènes influant sur leur expression.

troubles neurodéveloppementaux, comme l'autisme, entraînent des déficits ou des développements atypiques du langage (comme pour le syndrome de Williams[2] signifie que l'on ne peut pas isoler les compétences proprement linguistiques (lexique, phonologie, grammaire) des autres compétences cognitives.

Malgré toutes les recherches accumulées à ce jour sur l'acquisition du langage, il n'existe pas de théorie unifiée. Mais la pluralité des conceptions est favorable au renouvellement du domaine.

Propos recueillis par Jean-François Dortier

2- Maladie génétique rare, les enfants atteints de ce syndrome ressemblent à des lutins : petite taille due à un retard de croissance, front haut, nez en trompette, grande bouche. Ce sont des enfants très sociables, affectueux et joyeux, imaginatifs et très volubiles. Leur langage complexe contraste avec un retard mental, plus ou moins important.

POURQUOI LES ENFANTS JOUENT-ILS ?

Bien que nous sachions que le jeu est la marque de l'enfance, nous nous étonnons toujours de la ferveur avec laquelle les petits le pratiquent. Qu'est-ce qui peut bien les pousser à jouer autant, sans cesse et avec tout ? Serait-ce du fait d'une inconscience et d'une oisiveté liées à cette période de la vie humaine ? Pas uniquement, et chacun en convient aujourd'hui. Le jeu des enfants est utile à leur développement. Mais, contrairement à une idée trop rapidement énoncée, les enfants ne jouent pas « pour » apprendre. C'est parce qu'ils jouent qu'ils apprennent. En effet, le plaisir est le moteur du jeu de tout enfant depuis sa naissance, et peut-être avant, dans le ventre de sa mère, lorsqu'il joue avec ses mains, ses pieds, son cordon ombilical ou qu'il tète sa langue et avale le liquide amniotique.

Le jeu n'a donc, *a priori*, pas d'autre objectif que le plaisir que l'enfant ressent en le pratiquant. Mais voilà que, mû par ce plaisir du jeu, il explore, il expérimente, et apprend non seulement le fonctionnement du monde physique et social tel qu'il est, ou se pratique, mais sans doute aussi d'autres mondes possibles ou, pour quelque temps encore, toujours impossibles.

Alison Gopnik[1] émet ainsi l'idée que le jeu, loin d'être sans objet, sert à ses apprentissages en lui offrant la possibilité de les construire longuement, avec insistance, en s'y consacrant pleinement, sans être obligé de penser à subvenir à ses besoins, puisque les adultes s'en chargent. En naissant avec peu de capacités utiles à sa survie (trouver sa nourriture, savoir se réchauffer, se mouvoir, etc.), le petit humain, contrairement aux autres mammifères, se consacre uniquement à la mise en place de son intellect et l'approfondissement de ses savoirs. L'humanité serait ainsi

1- A. Gopnik, *Le Bébé philosophe*, Le Pommier, 2010.

à même de développer des technologies de plus en plus avancées, grâce à ce temps d'expérimentation, de réflexion et de mise en situation dans les jeux que font les petits à chaque nouvelle génération. Plus ce temps de l'enfance, et particulièrement de la petite enfance, est long et entièrement consacré à jouer, plus les capacités cognitives sont mises à l'œuvre dans leur cerveau pour apprendre rapidement, facilement et avec bonheur.

Explorations et expérimentations

Le jeu de l'enfant est donc d'une grande importance et aussi la marque de sa « bonne santé » ou de son bon développement. En effet, sécurisé par l'adulte ou ayant acquis un attachement « sécure » dans « sa niche sensorielle[2] », le bébé est ainsi dynamisé pour explorer le monde avec plaisir. Un petit qui ne joue pas est un enfant qui va mal et il convient de s'en préoccuper.

Avant le langage, le bébé utilise principalement le mouvement (sa motricité), et les sens (sa sensorialité), pour jouer[3]. Chaque objet qu'il trouve ou qui tombe entre ses mains, ses pieds, ou toute autre partie de son corps, est non seulement passé à la moulinette multisensorielle, mais il est aussi testé à plusieurs reprises et de manières différentes. Il le regarde, le sent, le goûte, le touche, l'écoute et aussi le transporte, le jette, le tape, le tord, le range, le ressort, l'associe, etc. Notre bébé étudie ainsi. Tel un chercheur, il fait de nombreuses hypothèses à partir de l'objet en question qu'il soumet ensuite à l'expérimentation. Ainsi il cherche à comprendre. Comment se fait-il que cette grosse boîte ou ce gros carton ne rentre pas dans cette petite boîte ou ce petit carton ? Il recommence. N'y a-t-il pas un moyen de les faire entrer tout de même? Avec la boîte ça ne marche pas, la grosse ne rentre pas dans la petite. Mais avec le carton, il obtient une victoire: il arrive à le déformer et le faire entrer et maintenant il cherche à y entrer lui-même... Ainsi se construit dans la tête de l'enfant non seulement la notion de plus petit et de plus grand, les limites spatiales et la place de son corps dans ces espaces, mais

2- Voir les travaux sur les théories de l'attachement et notamment Boris Cyrulnik et son concept de « niche sensorielle ».

3- Jean Piaget a été le premier à théoriser le stade sensori-moteur du bébé.

aussi les contraintes physiques inhérentes à cette réalité, et les options qui permettent de les dépasser… ou pas[4].

Ces explorations et ces expérimentations, faites dans une entière liberté et dans le plaisir du jeu, avec des objets neutres du quotidien, fournissent au bébé les meilleurs supports de connaissances. Car il lui faut « reconstruire » le monde pour le comprendre. Il joue sans cesse à cette reconstruction.

La construction des relations sociales

Il en est de même pour la compréhension des relations sociales. Les jeunes enfants apprennent à les comprendre et à les utiliser en jouant ensemble. Grâce à leurs compétences sociales, ils interagissent de manière positive ou négative. Ils s'imitent, créent des scénarios ensemble ou reprennent l'idée d'un autre pour aller plus loin. Ainsi lorsqu'un petit décide de faire le lion à la crèche, il commence à se déplacer en rugissant et en montrant crocs et griffes. D'autres ne tardent pas à le suivre et chacun essaie de prendre la tête de la file de lions qui se promènent autour de la structure de motricité pour le plaisir que cela provoque. La place de premier ou de second est chèrement défendue et les professionnels doivent parfois intervenir comme « casques bleus », lorsque ce n'est pas un enfant lui-même qui « joue » ce rôle et ramène la paix, d'ailleurs souvent plus facilement que l'aurait fait l'adulte. Les enfants jouent la vie et la réinventent pour mieux la saisir, la comprendre, la maîtriser. Ils ont besoin de ce temps du jeu !

Pour autant, même lorsqu'ils explorent tous les mondes possibles, il ne faut pas croire que les enfants sont dupes. Ils sont bien plus intelligents que cela et savent parfaitement faire la différence entre ce qu'ils sont en train de jouer et ce qui correspond à la réalité. Pour preuve cette histoire de l'enfant qui joue à attraper des petits cailloux avec un bout de bois. Il raconte qu'il pêche des poissons et est capable de donner vie à ces poissons en décrivant leur forme et leur couleur : rouge, bleue ou verte. Mais lorsque vous entrez dans le jeu et que vous dites que vous avez vous aussi attrapé un poisson rouge, il vous regarde bizarre-

4- L. Rameau, *Pourquoi les bébés jouent ?*, Philippe Duval, 2011.

ment et semble s'étonner que vous n'ayez pas vu qu'il s'agit d'un caillou ! L'imagination de l'enfant est une terre inaccessible aux adultes.

Le jeu n'est pas réservé aux enfants, mais à chaque âge de la vie on joue différemment et les petits le savent déjà. On ne peut sans doute pas toujours comprendre à quoi les enfants jouent réellement, mais on peut leur faire confiance sur le fait que le jeu est ce qui les intéresse et leur profite le plus. Qu'ils le pratiquent en toute liberté est le signe de leur intelligence tout autant que de leur bien-être.

Laurence Rameau

Ils préfèrent l'emballage au cadeau !

C'est un constat que font bien des parents, un peu consternés, au moment de Noël ou des anniversaires : au jouet acheté souvent très cher, les enfants de moins de 3 ans préfèrent souvent… le papier cadeau ! Normal, explique Laurence Rameau dans *Pourquoi les bébés jouent ?* (*op.cit.*) Le jouet n'a généralement qu'une fonction prédéfinie : la voiture roule, les cubes s'emboîtent, une cuisinière sert à cuisiner. Rien de tel avec le papier cadeau, dont l'enfant peut faire ce qu'il veut : le froisser, le jeter, le déchirer, en faire un chapeau, se cacher avec… « Les bébés préfèrent les objets neutres qu'ils peuvent détourner à leur guise. Ce sont des bases pour leurs expériences, à partir desquelles ils font comme les chercheurs : ils émettent des hypothèses, vérifient, recommencent, essayent autre chose. »

Héloïse Lhérété

POURQUOI LES ENFANTS AIMENT-ILS LES HISTOIRES ?

« Maîtresse, j'aimerais bien habiter dans le livre de T'choupi ! » Voilà la belle déclaration que Loni, 3 ans, a adressée récemment à sa maîtresse de maternelle. T'choupi est un petit personnage, mi-humain mi-animal, qui a un succès fou chez les petits. Il vit dans un monde ordinaire avec un papa, une maman, une petite sœur, un papi et une mamie, une maison, une école, etc. L'univers de T'choupi a quelque chose de rassurant : tous les objets sont simples et colorés, bien rangés, la nature est accueillante, tout le monde est gentil. Ses aventures se limitent à de petites intrigues quotidiennes : il a perdu son doudou, se dispute avec un camarade à propos d'un jouet, fait du poney et a peur de tomber. Tout se termine toujours bien, parfois par une morale : il faut prêter ses jouets si l'on veut garder son copain ! Voilà pourquoi le petit Loni, qui trouve le monde réel compliqué et pénible, « aimerait bien vivre dans le livre de T'choupi ». T'choupi fait partie de la catégorie des héros ordinaires auxquels un enfant peut facilement s'identifier, tout comme la petite Juliette (Juliette va à l'école, Juliette va à la piscine, Juliette joue avec son chat) ou Max et Lili.

L'univers des contes

Les aventures de T'choupi font partie d'une littérature de jeunesse dont le marché, florissant, fait rêver bien des éditeurs… Des contes d'Andersen ou de Perrault aux contes africains en passant par les mangas, on retrouve partout des personnages semblables : parfois des superhéros (Spiderman ou Buzz l'Éclair sont en ce moment parmi les favoris des cours de maternelle), des princesses (en plein *come-back* depuis quelques années), des animaux qui parlent, des monstres plus ou moins méchants. Et, bien sûr, ces personnages ordinaires comme T'choupi ou Heïdi, ni trop héroïques ni dotés de pouvoirs, des « héros repères », comme les appelait Marc Soriano : l'enfant se reconnaît facilement en eux, il se sent comme chez lui dans leur univers[1].

D'où vient la fascination des enfants pour les contes ? Les explications ne manquent pas. Les premières sont venues de la psychanalyse. Si Sigmund Freud n'a pas écrit directement sur les contes d'enfants, sa théorie de l'imaginaire, fondée sur l'expression de fantasmes et angoisses inconscients, pouvait facilement être transposée à l'analyse des contes. Selon cette grille d'analyse, le Grand Méchant Loup ou Peau d'Âne deviennent des symboles sexuels, le doigt dévoré dans *Hansel et Gretel* évoque le complexe de castration ; Le Petit Poucet traduit l'angoisse de l'abandon, l'ogre exprime la peur de la dévoration, etc. Carl Jung rajoutera l'idée « d'archétypes » nichés au cœur de l'inconscient collectif (comme la figure du dragon) et la jungienne Marie-Louise von Franz celui de la mère protectrice représentée dans les contes de fées. Bruno Bettelheim, dans sa *Psychanalyse des contes de fées* (1976), introduit la dimension initiatique dans l'analyse : l'histoire des Trois Petits Cochons ou de Blanche-Neige aide à faire grandir en transposant sous forme imaginaire, *via* les figures du loup, de l'ogre ou de la marâtre, les angoisses du jeune enfant. On retrouve d'ailleurs cette idée chez le psychologue Christophe André, cognitiviste. Si les enfants aiment tant les histoires qui font peur, c'est parce qu'ils découvrent qu'ils peuvent faire face au loup, et se sentent donc moins en danger[2].

Approches cognitives

Au moment où fleurissaient les analyses psychanalytiques, le psychologue Jean Piaget abordait l'imaginaire enfantin sous un autre angle : comme la première étape de la pensée symbolique. Pour Piaget, l'univers mental des contes correspond à ce stade de l'intelligence qu'il a appelé la « pensée magique » et qui précède l'accès à la pensée rationnelle. Si l'enfant n'est pas troublé de voir des animaux qui parlent (comme dans le livre de

1- M. Soriano, *Guide de littérature pour la jeunesse*, 1975, rééd. Delagrave, 2002.
2- C. André, *Psychologie de la peur. Craintes, angoisses et phobies*, Odile Jacob, 2004.

la jungle) ou des humains qui volent (comme dans *Peter Pan* ou *Mary Poppins*), c'est qu'il vit dans un monde « animiste » où objets et animaux sont dotés des mêmes compétences que les humains. Les recherches ultérieures montreront que Piaget s'est trompé sur ce point : les enfants ont parfaitement conscience que dans le monde réel, les chiens ne parlent pas et les humains ne volent pas. Ils font une différence entre le réel et l'imaginaire, exactement comme les croyants qui admettent que Jésus fait des miracles parce qu'il détient des « superpouvoirs » que l'on ne trouve pas dans le monde ordinaire[3].

Le psychologue Jerome Bruner a proposé une autre approche cognitive des contes. Les enfants aiment les histoires parce qu'elles s'accordent spontanément avec la structure narrative de l'esprit humain qui conçoit la réalité sous forme de séquences d'éléments successifs[4]. Quant à Paul Harris, il a renouvelé l'approche de l'imaginaire enfantin en l'envisageant comme un outil d'apprentissage. L'imaginaire n'est pas qu'un jeu, une fuite hors du réel, mais une façon d'expérimenter en pensée des scénarios de vie. Les expériences de pensée imaginaire consistent à tester, à travers des scènes parfois fantaisistes, des situations humaines fondamentales : résoudre des problèmes de relation avec les amis, affronter un ennemi, se perdre dans les bois et se retrouver.

Ces approches psychanalytiques et cognitives des contes pour enfants se sont enrichies au fil du temps d'autres approches : linguistiques (dans la lignée de l'analyse structurale puis narrative des contes[5]), anthropologiques ou sociologiques. La sociologue italienne Marina d'Amato, par exemple, étudie la mondialisation de l'imaginaire enfantin et la façon dont l'industrie de l'imaginaire façonne et redéfinit de vieux thèmes mythologiques selon les préoccupations des sociétés contemporaines : il ne faut pas oublier que si les enfants sont plus ou moins séduits par les histoires, ce sont les adultes qui les écrivent, les diffusent, les vendent, les achètent et les racontent.

3- Voir M. d'Amato, « L'imaginaire enfantin et ses nouveaux héros », *Sciences Humaines*, n° 219, octobre 2010.
4- J.-F. Dortier (coord.), dossier « Contes et récits. Pourquoi aimons-nous les histoires ? », *Sciences Humaines*, n° 148, avril 2004.
5- *Ibid.*

Qui croire ?

Toutes les théories des contes pour enfants sont partiellement crédibles. Les histoires « gores » où il est question de dévoration (*Le Petit Chaperon rouge*, *Le Petit Poucet*), ou d'attaques semblent bien exprimer des fantasmes archaïques. D'autres semblent traduire les aspirations profondes des enfants (devenir fort comme un superhéros ou belle comme une princesse), d'autres ont un versant initiatique (comme pour *Dora l'exploratrice*) ; d'autres encore sont une façon de se réfugier dans un monde doux et sécurisant (comme celui de *T'choupi*).

En l'absence d'une théorie standard de l'imagination humaine – elle n'existe pas –, force est de constater que toutes les théories « sonnent juste », à condition de les appliquer à un type d'histoire particulier. Il faut donc admettre ces théories pour ce qu'elles sont : des hypothèses forgées à partir de paradigmes généraux sur la nature humaine (psychanalytique, cognitif, constructiviste, sociologique) et transposées dans le monde de l'imaginaire enfantin.

Pourquoi les enfants aiment les histoires ? Sans doute pour la même raison que les adultes... En effet, le soir venu, quand les parents ont couché leurs petits, après leur avoir raconté une belle histoire, ils éteignent la lumière et que font-ils ? Ils s'installent devant un film ou ouvrent un bon livre pour se plonger dans des aventures où ils jouent eux aussi en pensée les petits et grands drames de l'existence humaine.

Jean-François Dortier

COMMENT LES MATHS VIENNENT À L'ESPRIT

Prenez quelques peluches, cachez-les derrière un écran, puis levez celui-ci : si les peluches apparaissent en nombre inattendu, le bébé va réagir, surpris. Il ne va pas pousser des cris d'orfraie mais, avec le matériel expérimental adéquat, vous le verrez fixer ou suçoter différemment pendant un instant. Mais alors, il compte ?

Des bébés matheux ou observateurs ?

Voici une quinzaine d'années, une avalanche de publications annonçait ainsi l'existence de bébés « mathématiciens ». L'enthousiasme passé, et à la lueur de nouvelles expériences, l'heure est davantage à la nuance. « Quand bien même on accepterait ces capacités numériques, elles seraient très réduites, instables, pas du tout extensibles aux grands nombres, et sans conséquence immédiate ni lointaine pour l'apprentissage », tempère Claire Meljac, psychologue à l'unité de psychopathologie de l'enfant et de l'adolescent de l'hôpital Sainte-Anne (Paris), et auteure de *Qui donc a inventé les mathématiques ?* (2011). Jean-Paul Fischer, professeur de psychologie du développement à l'université de Lorraine, et coauteur avec Anna Van Hout et Claire Meljac de *Troubles du calcul et dyscalculies chez l'enfant* (2e éd., 2005), abonde dans ce sens : « Le bébé arrive à remarquer qu'on a retranché ou ajouté un élément à une très petite collection de deux ou trois objets. En fait il compare des quantités, voire des collections, sans se représenter un nombre. »

Pour acquérir véritablement la notion de nombres, plusieurs ingrédients sont indispensables. À commencer par la manipulation d'objets pour en aligner, en ajouter, en faire disparaître soi-même… Mais surtout, l'attention : les enfants paralysés cérébraux ne manipulent qu'avec les yeux. Le prérequis à toute compétence numérique semble donc de savoir élaborer des lois relativement abstraites à partir de données sensibles. Un travail cognitif qui sollicite « l'observation et l'abstraction réfléchissante, c'est-à-dire la capacité d'élaborer intérieurement », selon C. Meljac.

Vers l'intelligence et le langage

Pour fertiliser ce travail de pensée, rien de tel que les interactions. Aux adultes d'instaurer un climat de bienveillance, d'enthousiasme et de sécurité pour transmettre des repères à l'organisation du monde, parmi lesquels la suite des nombres et de leurs noms. « Vers 3 ou 4 ans, confirme J.-P. Fischer, quand les enfants comptent jusqu'à quatre par exemple, ils ne comprennent pas forcément que le 4 a un statut particulier, à savoir qu'il désigne le nombre de l'ensemble. Ils peuvent compter jusqu'à 4 et déclarer, quand on leur demande combien il y en a : "5", ou "1, 2, 3, 4". On peut leur expliquer, avec l'exemple de petites collections de deux ou trois objets dont ils connaissent le nombre sans compter. »

Nous touchons là un autre aspect essentiel. Loin d'être un phénomène isolé, le développement des capacités numériques participe du développement général de l'intelligence, et singulièrement du langage. Selon sa langue maternelle, l'enfant semble plus ou moins bien armé : « Certaines langues asiatiques comme le chinois, le coréen favorisent énormément les mathématiques, rappelle C. Meljac. Le nom des nombres y est totalement transparent. Alors qu'en français, 96 ne s'écrit ni avec 4, ni avec 20, ni avec 16. Il y a donc énormément d'achoppements dans la construction de la suite numérique. C'est complexe à comprendre. » « On peut en théorie réparer une voiture sans connaître le nom d'aucune pièce, commente J.-P. Fischer, mais dans la pratique c'est impossible. La procédure de comptage-numérotage est finalement arbitraire et artificielle : heureusement que les enfants ne comprennent pas trop le nombre quand ils commencent à compter… »

Jean-François Marmion

La dyscalculie : peut-on compter sur elle ?

La dyscalculie désigne un trouble de la capacité d'effectuer des calculs. Il s'agit d'un trouble spécifique, c'est-à-dire que les autres capacités intellectuelles sont préservées. Cette notion reste âprement débattue : ainsi, la prévalence de la dyscalculie est souvent estimée à 5 ou 6 % des enfants, mais Jean-Paul Fischer, en analysant les résultats scolaires de dizaines de milliers d'élèves, ne l'a évaluée qu'à 1,5 %. Et les sujets concernés se trouvaient le plus souvent à la limite du seuil statistique, de sorte qu'une nouvelle évaluation exclurait peut-être un tel diagnostic. « Une de mes doctorantes, explique J. P. Fischer, a par ailleurs suivi au long cours une dizaine de dyscalculiques pouvant entrer dans ces 1,5 %. La majorité d'entre eux, sans devenir des génies mathématiques, ont surmonté leurs difficultés. Il reste donc fort peu d'éventuels dyscalculiques pour se livrer à des évaluations statistiques. »

Et chez les adultes ? J. P. Fischer, toujours lui, a décortiqué des données de l'Insee portant sur 14 000 d'entre eux (« Combien y a-t-il d'élèves dyscalculiques ? », *Approche neuropsychologique des apprentissages chez l'enfant*, n° 93, septembre-octobre 2007. Et aussi : J.-P. Fischer et C. Charron, « Une étude de la dyscalculie à l'âge adulte », *Économie et Statistique*, n° 424-425, février 2010). Il est formel : on trouve davantage de dyscalculiques chez eux que chez les enfants ! Pas en vertu d'un déficit spécifique, mais parce que leur niveau a baissé depuis le lycée, pour peu qu'ils n'aient pas besoin de mathématiques très poussées au travail ou pour suivre les devoirs de leur progéniture. Il serait donc inutile d'invoquer un déficit spécifique des aptitudes numériques. « La dyscalculie, on en parle le plus souvent abusivement, tranche Claire Meljac. Le diagnostic sert parfois à masquer à la famille un problème de développement général. Un enfant de 8 ans qui fonctionne comme un enfant de 5 ans n'est pas bon en calcul, évidemment. Ou alors, le développement est normal, mais l'enfant a développé une phobie du nombre. C'est surtout vrai pour les filles. Jusqu'à preuve du contraire, la dyscalculie n'existe pas de façon isolée. C'est un arbre qui cache la forêt, un alibi distingué. »

La dyscalculie représenterait donc souvent une forme radicale de la détestation des mathématiques… Un mal assez fréquent ! « On peut aimer les maths ou non, s'y épanouir ou pas, résume C. Meljac. Car quel est le facteur principal ? La motivation. Certains ne sont pas motivés, et ils ont le droit de s'intéresser à autre chose. Pour autant, ils ne sont pas dyscalculiques ! Si l'on faisait moins de grosses histoires sur le nombre, si l'on n'en tirait pas une tragédie, en prenant les choses simplement, en donnant au nombre un visage familier, je suis sûre que tout irait mieux. »

J.-F. M.

COMMENT L'HUMOUR VIENT AUX ENFANTS

L'humour ne cesse de s'affiner au fil des premières années, témoin du développement intellectuel. Au point qu'une plaisanterie d'un enfant de 7 ans laisse de marbre un bébé de 7 mois et rend moqueur un adolescent de 17 ans. Comment repère-t-on les prémices de l'humour chez un bébé ? Qu'est-ce qui fait rire un enfant de 6 mois, de 2 ans, de 6 ans ? De quoi s'amuse un adolescent ?

Le terme « humour » est loin de recouvrir une même réalité pour tous. Les chercheurs en psychologie sont tout de même parvenus à un consensus : l'humour serait la manipulation volontaire de l'incongru (à savoir la bizarrerie, le décalage créé par la juxtaposition de deux éléments contradictoires) à des fins de divertissement. Cet incongru va alors entraîner chez l'auditeur un conflit entre l'attendu et l'inattendu, dont le rire ou le sourire sera la conséquence naturelle. La clé de l'humour ? L'effet de surprise, donc.

Une mission de taille

L'humour ne manque pas de déstabiliser les psychologues quand il s'agit de le repérer chez les très jeunes enfants. Et pour cause. Souligner un comportement humoristique chez un bébé demeure une projection d'adulte. Dans ce sens, saisir les tout premiers pas en humour se révèle une quête d'une grande complexité. Chez le très jeune enfant, les chercheurs parlent donc d'humour lorsqu'une situation incongrue (aux yeux du bébé) suscite le rire ou le sourire de l'enfant. Non le sourire réflexe qui apparaît dès les premières heures de vie, mais le sourire ou le rire « cognitif », témoignage d'un traitement supérieur de l'information.

Ainsi, selon Françoise Bariaud, spécialiste du développement psychosocial de l'enfant et de l'adolescent, l'humour de l'enfant évolue au gré de son développement[1]. En effet, les connaissances de l'enfant sur le monde s'affinant, ce qui est incongru à un âge ne le sera plus ultérieurement, et inversement. Bref, à chaque âge son humour !

Le rire de l'adulte joue d'ailleurs un rôle clé dans l'apprentissage de l'humour chez l'enfant. Chacune des réactions positives de l'entourage va en effet renforcer l'apparition des comportements humoristiques chez l'enfant. Ainsi, pas à pas, l'humoriste en herbe va découvrir son pouvoir d'amuser, allant parfois jusqu'à répéter inlassablement les « blagues » qui font mouche !

De 0 à 2 ans : objets et comportements

Quelle incongruité fait-elle sourire ou rire un très jeune enfant ? Cinq semaines après sa naissance, un enfant sourit devant un visage humain en mouvement, qui tire la langue à travers un masque. Vers l'âge de 6 mois, les enfants se tournent davantage vers l'extérieur et développent un intérêt tout particulier pour leur environnement proche, à savoir leur famille. Ce qui les fait rire ? Les comportements inhabituels, comme le grand frère qui fait une grimace, le papa qui imite le singe ou encore la maman qui s'époumone à reproduire le cri d'une mouette.

Aux alentours de 12 mois, l'apparition de la marche les encourage à explorer leur environnement plus lointain, tels les objets et leur usage traditionnel… En conséquence, vers 20 mois, les enfants s'amusent à « faire semblant », c'est-à-dire à détourner l'utilisation des objets : une feuille de papier devient un chapeau, une brosse à dents un téléphone, un cube en bois un excellent bonbon qu'ils font mine de dévorer ! Ces jeux de faire semblant, accompagnés de rires ou de sourires, marqueraient la véritable naissance de l'humour chez l'enfant, selon le Dr Paul McGhee, chercheur spécialisé dans l'humour et le rire, qui a notamment enseigné aux États-Unis, aux universités de New York et du Texas.

1- F. Bariaud, *La Genèse de l'humour chez l'enfant*, Puf, 1983.

De 2 à 6 ans : les mots et leur sonorité

Le développement du langage entraîne l'apparition d'un humour verbal, aux alentours de 2 ans. L'enfant découvre les mots, et trouve en eux une source inépuisable d'amusements.

Son plus grand plaisir ? Jouer avec les mots et leur sonorité : appeler sa petite sœur par le nom du poisson rouge, inverser deux noms d'objets, faire des rimes, inventer de nouveaux mots… Par ailleurs l'humour scatologique, le fameux pipi-caca, ne manque pas de séduire ces humoristes en herbe ! Toutefois, Paul McGhee précise que jusqu'à 6 ans, l'humour est majoritairement basé sur l'incongruité ou la bizarrerie de la forme des objets. Par exemple, la vue d'un vélo aux roues carrées ne manquera pas de faire rire un enfant aux éclats !

De 6 à 11 ans, un nouveau terrain de jeu : le double sens

À l'âge de 6 ans s'observe chez l'enfant un véritable tournant. L'humour s'affine et se rapproche considérablement de celui des adultes. Son nouveau terrain de jeu ? Les plaisanteries basées sur le double sens d'un mot : « Tu veux un verre (d'eau) ? », s'esclaffe Lucie en proposant un ver (de terre) à son père. Très rapidement, cet humour va se diversifier et s'enrichir.

Selon Nelly Feuerhahn, spécialiste de l'étude du comique, du rire et de l'humour et rédactrice en chef de la revue *Humoresques*, les enfants de 6 ans à 11 ans apprécient aussi tout particulièrement les devinettes ou encore les histoires de « fous ». Exemple : « Un fou lit un annuaire téléphonique… Un autre fou arrive et lui demande : – Il est bien ton roman ? – Oui, mais il y a trop de personnages ! »

La clé du succès de telles plaisanteries ? La mise en scène d'une préoccupation majeure des enfants de cet âge, à savoir la quête de la distinction entre ce qui est stupide et ce qui est intelligent.

Et l'ironie ? Melanie Glenwright, chercheuse en psychologie à l'Université de Manitoba au Canada et spécialiste de la communication et de la compréhension sociale des enfants, s'intéresse à l'apparition de l'ironie et du sarcasme, formes particulièrement élaborées d'humour. La compréhension de l'ironie, à savoir le décalage entre le discours et la réalité, nécessite des compétences assez développées. C'est d'ailleurs pour cette raison qu'aux représentations du théâtre de Guignol, les quelques répliques ironiques des marionnettes laissent de marbre une partie des enfants et font rire aux éclats l'autre partie.

L'adolescence ou la « pulsionnalité » à l'état pur !

Les adolescents ne cessent de fasciner les psychologues pour leur inconvenance, leur brutalité, mais aussi leur verdeur et leur réalisme. Selon Jean-Bernard Chapelier, spécialiste de l'adolescence, l'humour adolescent mérite une attention toute particulière. Il précise que les blagues sont alors marquées par une forte créativité, doublée d'une originalité hors pair. Crues et osées, elles abordent fréquemment et en majorité les thématiques sadiques, sexuelles, voire incestueuses : « Comment sort-on un bébé tombé dans un mixer ? Avec une paille ! », ou encore : « – Papa, qu'est-ce que c'est qu'un transsexuel ? – Attache mon soutien-gorge et ne m'appelle plus papa ! ».

L'objectif de telles plaisanteries ? Provoquer l'auditoire et exprimer des fantasmes. Jean-Bernard Chapelier suggère même que ces questions-réponses permettraient non seulement aux adolescents qui en usent d'exorciser leurs angoisses sexuelles, mais également de se socialiser dans leur groupe de pairs[2].

Par ailleurs, Henri Danon-Boileau, psychiatre, membre honoraire de la Société Psychanalytique de Paris, précise que l'humour permet à l'adolescent de gagner en autonomie et de mieux définir son identité. Ainsi, chaque âge possède son lot de plaisanteries. Cependant, il ne faudrait pas négliger le fait que l'humour reste très personnel. Souvent, les farces d'antan peuvent même refaire surface ! Eh oui, quel adulte ne s'est-il jamais esclaffé devant une imitation d'animal ou une blague adolescente des plus inconvenantes ? Car, si certains s'efforcent de faire de l'esprit et de soigner leurs jeux de mots, d'autres ne manquent pas de rire des blagues enfantines. À chaque âge son humour, certes. Et à chacun son humour, sans aucun doute.

Héloïse Junier

2- J.-B. Chapelier, « Humour, amour et sexualité dans la culture adolescente », *Adolescence*, n° 62, 2007.

Qu'est-ce qui fait rire les petits ?

On peut faire rire les enfants avec des grimaces, des chatouilles, en faisant le clown ou en leur courant après. Mais encore ? Pour établir un classement plus systématique, deux chercheuses en psychologie du développement, Elena Hoicka et Nameera Akhtar, ont filmé quarante-sept jeunes Britanniques de 2 ans à 3 ans qui jouaient avec un de leurs parents (« Early humour production », *British Journal of Developmental Psychology*, vol. 30, n° 4, 2012).

Après avoir visionné les vidéos, codé et classé les séquences, les psychologues sont parvenus à distinguer sept formes principales d'humour : utiliser un objet dans un sens inhabituel (comme vouloir se peigner avec une cuillère), se tromper délibérément de mot pour désigner une chose (par exemple caresser un chat et dire : « C'est un poisson »), commettre une erreur volontaire (dire que le cochon fait « meuh »), briser un tabou (cracher par terre en disant que « c'est mal »), réaliser un mouvement facétieux (tomber en arrière puis rester ses jambes en l'air), chatouiller ses jambes ou jouer à les attraper, et enfin jouer à « Coucou, je te vois ! ».

Comme on peut s'y attendre, les plus petits (jusqu'à l'âge de 2 ans) rient plutôt des jeux qui impliquent des gestes ou des objets, alors que ceux de 3 ans commencent à apprécier les jeux ayant une dimension plus symbolique (comme les erreurs de mot…). Dans les deux cas, le rire ne vient que si l'adulte rit aussi. Ce qui montre que le rire a aussi une forte implication sociale : dès l'enfance, il se partage.

Marie Briand

L'ENFANT, LES AUTRES ET LE MONDE

- Comment les enfants voient le monde
  (Rencontre avec *Boris Cyrulnik*)
- Les théories de l'attachement, d'hier à aujourd'hui (*Sarah Chiche*)
- Comment parler aux tout-petits?
  (Rencontre avec *Marie-Noëlle Clément*)
- Comment se faire obéir (*Martine Fournier*)
- Un enfant battu deviendra-t-il violent? (*Anne- Claire Thérizols*)
- Jolies princesses et petits machos
  (Rencontre avec *Anne Dafflon Novelle*)
- Jeux sexuels, jeux de vilains? (Rencontre avec *Jean-Yves Hayez*)
- Virtuel psychique et virtuel numérique (*Serge Tisseron*)
- Faut-il laisser jouer son bébé avec une tablette ? (encadré)
- « Votre enfant ne fera jamais rien » (*Peggy Pircher*)
- Quand l'enfant a peur (Rencontre avec *Mandy Rossignol*)
- Faut-il médicaliser la tristesse? (*Sarah Chiche*)
- Alors heureux? Mesurer le bien-être de l'enfant (*Héloïse Junier*)

COMMENT LES ENFANTS VOIENT LE MONDE

Rencontre avec Boris Cyrulnik

Partir à la recherche de ce que pourrait être un monde d'enfants... Boris Cyrulnik a fait de cette formule élégante l'un de ses nombreux « péchés » de curiosité. Les parents et les enfants n'ont de toute évidence pas la même façon de percevoir les choses et les êtres. Le petit est un être humain en voie de développement. La jeune mère et le jeune père ont tendance à projeter sur lui leurs valeurs d'adultes. C'est le prototype même de la relation asymétrique. « Il existe, résume t-il, un adultocentrisme comme il existe un anthropocentrisme. » L'enfant n'est certes jamais un créateur original. C'est un point important. Sa représentation du monde est sculptée par le milieu dans lequel il baigne. Mais comment expliquer qu'un petit élevé dans un environnement « à risque » s'en sorte malgré tout ? Où trouve-t-il ses ressources ? Comment son rapport au monde se transforme-t-il ? L'enfant voit le monde selon la manière dont le monde le construit, sans aucun doute. Mais le petit, au même titre que tout individu, n'en a pas moins une histoire, dont il est acteur.

Comment se forge la représentation du monde chez l'enfant ?

L'enfant a une vision du monde qui s'élargit de plus en plus avec le temps, au fur et à mesure de son développement cognitif et de ses interactions avec l'extérieur. Son univers est d'abord sensoriel. Très tôt déjà, dès les dernières semaines de grossesse, le bébé a des pleurs ou des sourires intra-utérins qu'on voit très bien à l'échographie. Il sursaute. Il lui arrive aussi de ressentir un stress quand sa mère est angoissée. Ces premières interactions avec l'extérieur tracent dans sa mémoire interne des sensibilités préférentielles et des habiletés relationnelles qui sont propres à orienter son rapport futur aux choses et aux êtres. Ainsi, le jour où il naît, il est déjà doté d'un appareil à percevoir le monde.

L'univers de l'enfant se conceptualise vers 2-3 ans, lorsqu'il se saisit des mots. Dès cet instant, son monde est métamorphosé. Les personnes, les gestes et les objets prennent un nouvel éclairage ; il commence lui-même à agir sur le monde grâce au langage. Sa faculté d'imagination se met en place. Lorsqu'on lui demande par exemple de dessiner un bateau sur l'eau, bien souvent il dessine la forme qu'il voit, mais aussi ce qu'il ne voit pas, la coque et l'hélice. Il répond désormais plus à la représentation qu'à la perception. Vers l'âge de 4 ans, l'enfant découvre qu'autrui répond à son idée propre du réel, à ses sentiments particuliers. Désormais, pour comprendre le dehors, il lui faut aussi deviner ce qui se passe dans l'univers mental des autres. L'enfant élargit à nouveau son univers vers 7 ans, quand son système de connexions neuronales lui permet de se représenter le temps. Auparavant, il n'a pas la capacité de faire le récit d'enchaînements de scénarios. Il parle, mais ne répond qu'au temps présent. En acquérant une neurologie du temps, l'enfant peut s'approprier les histoires de sa culture. Il accède ainsi au monde des croyances.

On se représente généralement l'individu en bas âge comme un être créatif, doté d'un imaginaire original. Serait-ce une vision littéraire de l'enfance ?

En fait, l'enfant voit le monde selon la manière dont le monde le construit. Les énoncés familiaux ou sociaux, les récits, les croyances religieuses ou les discours scientifiques façonnent sa vision. Il se développe en hélice, dans une dynamique d'interactivité avec l'extérieur. Un exemple : un enfant dont la mère est déprimée va, en grandissant, percevoir préférentiellement les images tristes aux dépens des images gaies parce que dans son univers de représentations, ces images le sécurisent. Son goût du monde a été « circuité » par son entourage premier. L'environnement culturel des petits influence aussi leur image du monde.

Prenons le cas des enfants mohaves, en Amérique du Nord. La société mohave considère, selon la tradition, que les bébés sont la réincarnation des personnes décédées. Les adultes ne parlent ainsi pas « bébé » aux nouveau-nés. Ce serait une injure aux anciens. Lorsqu'il grandit, l'enfant mohave perçoit un monde beaucoup plus grave que l'enfant occidental et peut-être plus ennuyeux. D'autres paramètres simples façonnent la vision du monde de l'enfant, le milieu géographique par exemple. Élevé près de la montagne, il percevra mieux les lignes verticales. Élevé près de la mer, son cerveau sera préférentiellement réceptif aux horizontales.

Que faut-il déceler dans le désir répandu chez l'enfant de ressembler à un superhéros ?

La géographie des croyances est une géographie de l'amour parental. Un enfant croit au même dieu que ses parents. Né dans un milieu musulman, il a toutes les chances de devenir musulman. De même si ses parents sont chrétiens, il y a toutes les probabilités pour qu'il devienne lui-même chrétien. Il me semble que sur le même modèle, l'identification à un superhéros traduit avant tout chez l'enfant un désir d'être grand, de s'identifier aux parents, à ceux qu'il aime. C'est une déclaration d'amour. La fascination pour le superhéros, en revanche, n'est jamais très positive. Elle peut traduire une peur du monde, un désir de reprendre virtuellement la maîtrise du réel. Le plus sûr moyen pour un enfant de calmer une angoisse consiste à transcender sa souffrance dans un monde parallèle. Le jeu, mais aussi le dessin, ou l'écriture permettent de supporter le réel désolé en apportant des compensations magiques.

Vous avez beaucoup travaillé sur le concept de « résilience ». Comment la relation au monde des enfants qui n'ont pas eu des bases stables pour se construire peut-elle évoluer ?

Tout enfant développe des types de comportement, sous l'effet d'une double contrainte. Sa pulsion génétique le fait aller vers l'autre, mais c'est la réponse de l'autre qui tutorise son développement. Si le tuteur est stable, lorsqu'un événement nouveau survient, l'enfant s'y adapte et y répond avec son répertoire de comportements acquis précédemment.

Au contraire, les enfants dont le développement a été entravé par des difficultés sont souvent repliés sur eux-mêmes, autocentrés. Ils développent peu d'empathie. Leur rapport au monde est limité. Une manipulation, connue mais éloquente, met en scène la situation suivante: Un adulte remonte un nounours mécanique – l'expérimentateur s'étant arrangé auparavant pour que le nounours ne fonctionne pas. L'adulte fait alors semblant de pleurer. Qu'observe-t-on ? Devant les larmes simulées de l'adulte, la plupart des enfants réagissent en le cajolant, ou en cherchant à ce que le nounours soit réparé. Quelques enfants restent apparemment indifférents. Quelques-uns enfin le frappent ! C'est que l'enfant interprète aussi le monde en fonction de son type d'attachement.

Dans les études sur l'attachement, nous pensons que l'être est dans un développement constant, de l'œuf à la mort. Ce que nous conceptualisons sous le terme de résilience est le contraire du déterminisme fatal. Une première relation peut être un échec ; si l'enfant dispose de plusieurs figures d'attachement (grands-parents, instituteurs, institutions), il trouve d'autres tuteurs de développement. Un nouveau rapport au monde émerge alors et s'exprime.

Propos recueillis par Florence Mottot

LES THÉORIES DE L'ATTACHEMENT, D'HIER À AUJOURD'HUI

Pourquoi décide-t-on un jour de se mettre en couple et de rester fidèle ? Pourquoi est-on ami avec telle ou telle personne ? Au départ défini comme un instinct qui rapproche le bébé de sa mère afin qu'elle fasse attention à lui, l'attachement façonne et régit, notre vie durant, nos relations avec autrui. Au XXe siècle, les théoriciens de l'attachement ont révolutionné l'idée que l'on se faisait du lien mère-enfant en démontrant que les besoins fondamentaux du nouveau-né se situent avant tout au niveau des contacts physiques. Depuis, des progrès spectaculaires ont eu lieu dans l'approche neurobiologique de ce comportement. Ce qui nous lie aux autres serait aussi la résultante d'interactions subtiles entre différents neurotransmetteurs et hormones. État des lieux.

« Dire que j'ai gâché des années de ma vie, que j'ai voulu mourir, que j'ai eu mon plus grand amour, pour une femme qui ne me plaisait pas, qui n'était pas mon genre ! » Il n'est nullement nécessaire d'avoir lu *La Recherche* pour éprouver, comme dans cette phrase extraite d'*Un amour de Swann*, de Marcel Proust, à quel point l'amour, le désir, les raisons précises qui nous font préférer un être plutôt que tel autre et choisir de s'attacher à lui, nous laissent bien souvent abasourdis tant elles demeurent opaques. Or, longtemps les mécanismes de l'attachement qui lie deux adultes ou s'établit entre un enfant et la personne qui en prend soin, sont restés cantonnés aux interprétations des écrivains et des poètes. Soucieuse de ne pas nous laisser dans l'embarras, la Science nous propose aujourd'hui quantité de réponses.

Le besoin d'affection est un besoin primaire

Scientifiques et psychologues ont commencé à s'intéresser aux mécanismes de l'attachement dès le XIXe siècle. Charles Darwin, le premier, insistera sur le fait que l'attachement a un avantage sélectif: s'entourer d'adultes protecteurs permet de lutter plus efficacement contre les dangers de l'environnement. Psychologues et psychiatres s'emparent ensuite de la question en se focalisant sur l'existence et la nature des premiers liens qui s'établissent dans l'enfance. Dans ses *Trois Essais sur la théorie sexuelle*, Freud fait de la poitrine de la mère le premier objet d'amour, lequel ne se développe que parce que le bébé a besoin d'être nourri et que la tétée lui procure un plaisir libidinal. Pour Freud, l'excitation d'une zone érogène (la bouche du bébé qui tète) est étroitement liée à la satisfaction du besoin de nourriture: on dit que la pulsion sexuelle s'étaye sur ce besoin de nourriture.

Or, dès les années 1930, tout un courant de pensée qui se développe principalement en Grande-Bretagne suggère que le besoin d'affection du jeune enfant est un besoin primaire, qui n'est basé ni sur la faim ni sur aucune autre gratification physique. Ainsi que le résumera René Zazzo, pour Freud « c'est la libido, la pulsion sexuelle qui graduellement conduit à l'amour, l'amour qui en fin de compte n'est qu'un moyen pour atteindre le plaisir. Dans la nouvelle perspective [celle de la théorie de l'attachement], pour les animaux supérieurs et pour l'homme, l'amour est originel, en deçà de la sexualité et c'est cet amour, garant de confiance et de sécurité qui prépare à la sexualité, à ses préludes, ses jeux, ses accomplissements, et aux amours d'un nouvel ordre[1]. »

En 1935, dans *The Origin of Love and Hate* (*L'Origine de l'amour et de la haine*)[2], le psychologue du développement Ian Suttie pose pour postulats que: l'amour qui lie une mère à son enfant n'est pas sexuel; un développement psychique sain dépend de la façon dont s'opère la séparation avec la mère; la notion œdipienne de rivalité avec le père est une pure fiction, l'enfant étant jaloux de toute personne qui s'interpose entre lui et sa mère. À la même époque, le Canadien William Blatz insiste sur le rôle fondamental des relations sociales pour le développe-

1- R. Zazzo *et. al.*, *L'Attachement*, Delachaux et Niestlé, 1979.

2- I. Suttie, *The Origins of Love and Hate*, Penguin, 1935.

ment, suggère que le besoin de sécurité fait partie intégrante de la personnalité, et aussi que le fait de s'appuyer sur les autres en tant que socle de sécurité est un besoin normal[3].

Ces théorisations puiseront abondamment dans certains apports de la psychanalyse kleinienne et de l'école dite de la relation d'objet, qui soutiennent que dès le début de la vie, l'enfant est en relation avec son environnement. Elles s'en distingueront toutefois sur un point majeur : pour la psychanalyste Mélanie Klein et ses élèves, les réponses de l'enfant au début de la vie sont dues aux fantasmes et à sa vie imaginaire plutôt qu'aux événements de la vie réelle.

Les observations du psychiatre et psychanalyste René Spitz sur le développement psychoaffectif de nourrissons orphelins ou de mères en prison, auront également une portée décisive sur les théories de l'attachement. En 1946, Spitz publie les résultats d'une étude sur une population de nourrissons âgés de plus de 6 mois, privés récemment de leur mère après six mois au moins de bonnes relations avec elle, et qui n'ont pas trouvé auprès de substituts maternels une relation satisfaisante. Il observe qu'après une première phase de protestation et de désespoir, au bout de quelques semaines, ces nourrissons deviennent apathiques et indifférents à leur entourage, ne s'alimentent plus, perdent du poids et dorment mal. Si on ne les met toujours pas en présence de leur mère ou d'un substitut à même d'apporter des soins et de la tendresse, le temps passant, ils ne grandissent plus, leurs acquisitions motrices et intellectuelles régressent, et ils deviennent plus sensibles aux infections – ce que Spitz appelle « hospitalisme ». Si, en revanche, l'enfant retrouve sa mère ou un substitut de bonne qualité, la dépression disparaît. Dans le même temps, le psychanalyste Donald Winnicott insistera sur la nécessaire existence d'une « préoccupation maternelle primaire », ou état de disponibilité adaptatif dans lequel se met la mère pour donner à son bébé les soins dont il a besoin pour se développer.

3- M. Wright, « William Emet Blatz », *in* Gregory, Kimble, Wertheimer, Boneau. *Portraits of pioneers in psychology*, II, Laurence Erlbaum Associates, 1996.

Un bébé a besoin de contacts physiques

Mais c'est le psychiatre et psychanalyste John Bowlby qui donnera toutes ses lettres de noblesse à la théorie de l'attachement, en publiant en 1958 *The Nature of the Child's Tie to his Mother* (*La nature du lien de l'enfant à sa mère*). Lecteur des travaux de Spitz et de Winnicott, John Bowlby s'en servira dans sa monographie de 1951, *Maternal Care and Mental Health* (*Soins maternels et santé mentale*), où il souligne que « le nourrisson et le jeune enfant doivent expérimenter une relation chaleureuse, intime et continue avec sa mère (ou un substitut maternel permanent) dans laquelle les deux trouvent satisfaction et plaisir » – l'absence de ce type de relation conduisant à des dommages considérables sur la santé psychique de l'enfant. Bowlby enrichit sa théorie d'éléments provenant de l'anthropologie, de la cybernétique, et même de l'éthologie (étude du comportement des animaux).

Dès 1935, l'éthologue Konrad Lorenz avait observé des phénomènes d'empreinte[4] chez les oiseaux, un comportement montrant qu'il pouvait y avoir lien sans sexualité et sexualité sans lien. En 1958, dans un article intitulé « The Nature of Love », l'éthologue américain John Harlow, met en évidence le rôle tout à fait secondaire de la nourriture dans le tissage des liens entre mère et enfant. Rappelons cette célèbre expérience : on enlève des singes nouveau-nés à leur mère pour les mettre en contact avec des mères artificielles fabriquées avec des fils métalliques et une tête de bois, et recouvertes de tissus pelucheux. À l'intérieur de ces fausses mères, on place des biberons, avec des tétines en caoutchouc, correctement inclinés pour que le bébé puisse s'accrocher et téter. L'idée de génie de Harlow fut de fabriquer deux types de « fausses mères » : l'une pourvue d'une peau en tissu à poils doux mais ne distribuant pas de lait et l'autre, pour ainsi dire « nue », en fils métalliques, mais distribuant du lait. Résultats : si le bébé-singe se dirige d'abord vers la nourrice pourvue de lait, il reste

4- En éthologie, l'empreinte se caractérise par la mise en place, définitive, d'un lien entre un déclencheur extérieur (l'environnement) et un comportement instinctif. Cette mise en place n'est pas commandée par un déterminisme biologique très spécifique (comme un lien de parenté, une odeur) mais au contraire par des circonstances.

cependant la plupart du temps accroché à la nourrice revêtue d'un tissu à poils[5].

Bowlby reprendra cette idée en soulignant que l'attachement implique l'apprentissage par l'expérience durant une période d'âge limitée, influencée par le comportement des adultes. S'il est instinctif, l'attachement se nourrit aussi des effets de l'expérience, l'enfant étant porté, dès son plus jeune âge, vers les interactions sociales. Et les besoins fondamentaux d'un bébé se situent au niveau des contacts physiques. Bowlby[6] isole cinq conduites innées d'attachement ou « *patterns* » qui se développent pendant les deux premières années de la vie, et auxquelles la mère (qui n'est pas nécessairement la mère biologique) ou tout autre substitut adéquat doit répondre : la succion, l'étreinte, le cri, le sourire, l'agrippement. Si ces interactions font défaut, l'attachement ne se crée pas entre le bébé et sa mère. L'attachement réussi, la réponse adéquate de l'entourage aux signaux de l'enfant, est le socle sur lequel se construit le sentiment de confiance en soi et de sécurité du bébé, qui lui permettra d'affronter les séparations et les pertes qui jalonnent l'existence.

Comment donner à son enfant le sentiment de sécurité ?

En 1963, la psychologue Mary Ainsworth met au point l'expérience dite de « situation étrange ». On active auprès d'enfants âgés d'un an des comportements d'attachement, en induisant une angoisse par le départ et le retour à plusieurs reprises du parent (huit épisodes de trois minutes chacun). Les réactions de l'enfant sont précisément cotées. Ces expériences, certes critiquées (mais comment peut-on soumettre à de telles angoisses de pauvres bébés ?) ont permis toutefois de dégager trois types

5- « Nous n'étions pas surpris, conclut Harlow, de découvrir que le contact joue un rôle important dans les liens affectifs qui unissent la mère et l'enfant, mais nous ne pensions pas qu'il l'emporterait aussi totalement sur le facteur nourriture. Il est certain que le singe, aussi bien que l'homme, ne se nourrit pas exclusivement de lait. L'affection est un sentiment qui ne peut se mettre en bouteille et nous pouvons être sûrs que la soif de tendresse ne peut être étanchée par un biberon » (Cité par R. et D. Morris. *Hommes et singes*, Stock) L'ouvrage où Harlow décrit ses expériences (1972) a pour titre *Learning to Love*.

6- À la suite des articles préliminaires de 1958, Bowlby a exposé la théorie de l'attachement dans l'ouvrage en trois volumes *Attachement et perte* (1969-1982 pour l'édition originale, 1978-1984 pour l'édition française).

d'attachement : un attachement anxieux-évitant (l'enfant ne semble affecté ni par le départ du parent ni par son retour) ; un attachement sécurisé ou secure (protestation au départ du parent et soulagement à son retour avec recherche de proximité) ; un attachement anxieux-résistant ou ambivalent (anxiété de l'enfant à la séparation et comportement à la fois de rapprochement et de rejet au retour). Selon Ainsworth, les proportions des trois catégories sont à peu près toujours similaires : 22 % d'enfants anxieux-évitants (A), 66 % d'enfants sécurisés (B), et 12 % d'enfants anxieux résistants (C). Il existerait des facteurs prédisposant aux comportements plutôt sécurisés ou anxieux : un parent apte à percevoir, interpréter et répondre de façon adéquate aux signaux et demandes de son enfant favoriserait l'attachement sécurisant. Un parent qui rejette ou ne comprend pas les demandes de son enfant, y répond de façon inappropriée ou décalée, voire répugne à lui prodiguer des soins et de la tendresse, favoriserait l'attachement anxieux. Plus tard, un enfant sécurisé se montrera sociable et empathique, et bénéficiera d'une bonne estime de soi. Inversement, un enfant ayant souffert d'un attachement anxieux manifestera du retrait social, des plaintes somatiques, voire des comportements oppositionnels et agressifs[7].

Essaimage, controverses et limites

On l'a dit, certains reprocheront aux théoriciens de l'attachement, Bowlby en tête, de faire fi de la théorie freudienne faisant du nourrissage et de l'oralité les bases de la relation mère-enfant et de la construction de l'appareil psychique. L'importance que Bowlby accorde à la précocité des angoisses de séparation sera également l'objet de critiques : Melanie Klein lui objectera que les récits de patients sur leur vécu relationnel infantile relèvent du fantasme et non de la réalité. Anna Freud, quant à elle, insistera sur le fait que, selon elle, un bébé ne peut souffrir de la

7- Le travail d'Ainsworth aux États-Unis attira de nombreux universitaires dans ce domaine. Des recherches ultérieures menées par Mary Main et ses collègues de l'Université de Californie à Berkeley ont permis d'identifier un quatrième schème d'attachement, appelé attachement désorganisé/désorienté. Ce terme reflète le défaut, pour certains enfants, d'une stratégie cohérente de réponse aux situations stressantes (*coping*).

séparation d'un proche, pour la simple et bonne raison que ses structures psychiques ne sont pas encore suffisamment élaborées pour vivre un deuil. D'autres critiques viendront des féministes : elles accuseront Bowlby de préconiser un retour des femmes au foyer. Pour autant, dans la théorie de Bowlby, il n'est jamais dit explicitement que seule la mère doit assumer à temps plein le rôle de figure d'attachement. Il existe quantité d'autres figures qui peuvent jouer un rôle similaire pour le bon développement de l'enfant (un père, une nounou, un membre de la famille, un éducateur…). De nombreuses études ultérieures – citons, pour les plus populaires d'entre eux, les travaux de Boris Cyrulnik – insisteront sur le fait que l'existence de plusieurs lieux d'attachement peut être un facteur de résilience. Si l'enfant ne tire pas les bonnes cartes au départ, la bonne rencontre avec une autre figure d'attachement pourra lui fournir les bases d'un lien sécurisant. On s'interrogera également sur la notion d'universalité du concept : peut-on retrouver les trois schèmes de base (sécure, évitant, ambivalent) dans des cultures où le rapport à la famille et à la communauté est différent des valeurs occidentales ? Plusieurs études conduites au Japon, où la fidélité à la famille et au supérieur hiérarchique est envisagée sous un angle très particulier, conclurent à l'universalité de cette théorie[8].

Expérimenter un attachement évitant dans son enfance fait-il un destin ? Dans les années 1990, d'autres auteurs comme Steven Pinker ou Jerome Kagan proposèrent un remaniement complet de cette théorie. Si le premier met en avant l'idée que l'influence des parents a été très exagérée, le second fait valoir que l'hérédité aurait une influence plus profonde que les effets transitoires d'un environnement néfaste. En d'autres termes : un enfant doté d'un tempérament naturellement colérique ne susciterait que peu de réactions positives chez l'adulte chargé d'en prendre soin. On retrouve même un trouble réactionnel de l'attachement (en anglais *reactive attachment disorder*, RAD), dans le DSM-IV (le manuel de classification international des troubles psychiques),

8- Voir notamment : M.H. Van Ijzendoorn, A. Sagi-Schwartz, « Cross-Cultural Patterns of Attachment ; Universal and Contextual Dimensions », *in* Cassidy, Shaver. *Handbook of Attachment : Theory, Research and Clinical Applications*, Guilford Press. 2008.

caractérisé par des relations de parenté fortement perturbées et s'exprimant de façon inappropriée dans la plupart des contextes, à partir de l'âge de 5 ans, associé à des soins manifestement pathologiques. Ces débats houleux sur le primat de l'inné ou de l'acquis ont engendré quantité de recherches.

Quand la souris accouche d'une montagne

Or, depuis quelques années, les théories de l'attachement se doublent d'explications neurobiologiques très précises. Deux peptides, la vasopressine et l'ocytocine, fonctionnant à la fois comme hormones et comme neurotransmetteurs, seraient particulièrement impliqués dans la création et le maintien des liens d'attachement. Tous deux agissent sur deux systèmes essentiels dans l'évolution des espèces : les circuits amygdalien et hippocampique impliqués dans le stress, et le circuit mésolimbique dopaminergique du plaisir et de la récompense.

La clé du mystère des liens qui lient deux êtres se trouverait peut-être dans le mode de fonctionnement du campagnol des plaines du Middle West, guère gros qu'une souris, et réputé pour sa monogamie[9]. On ne compte plus les études qui démontrent que chez ce sympathique rongeur, qui a d'emblée toute notre estime et notre admiration, la fidélité est due non pas à des principes éthiques ou religieux, mais à l'action d'un neurotransmetteur dans une aire précise du cerveau. Chez la femelle, l'ocytocine, connue pour être libérée massivement au moment de l'accouchement chez les êtres humains et de nombreuses espèces animales, prolifère dans le noyau accumbens et garantit son comportement maternel. En outre, l'attachement du mâle pour ses enfants dépendrait de l'expression de la vasopressine dans l'amygdale médiane. Mais peut-on en dire de même chez l'humain ?

9- Certes, les campagnols des plaines ne sont pas les seuls animaux monogames (5 % des mammifères le seraient). Par exemple, les albatros eux aussi sont réputés pour leur fidélité exemplaire : quand l'un meurt, l'autre ne se cherche pas d'autre compagnon, et va même jusqu'à se laisser mourir. De même certains poissons, comme les scalaires, ne remplacent jamais le partenaire disparu. Mais il est bien plus commode de garder une dizaine de campagnols qu'une nuée d'albatros dans un laboratoire…

Une équipe de chercheurs de l'University College de Londres a comparé les aires du cerveau humain impliqué dans l'amour passion et l'amour maternel, avec, dans le rôle des cobayes invités à aller faire un tour dans un caisson d'imagerie par résonance magnétique fonctionnelle (IRMf), des jeunes (moyenne d'âge : 23 ans) vivant un grand amour depuis un peu plus de deux ans, et des mères d'enfants de 9 mois à 6 ans, auxquels on a montré des photos de l'objet d'amour (le bébé ou l'amoureux(se). Première observation : il y a relativement peu de différences entre les aires activées par l'amour passion et l'amour maternel. Toutefois le gyrus denté de l'hippocampe, riche en récepteurs de la vasopressine, serait très activé chez les amoureux, mais pas chez les mères ; et on constate chez les mères (mais pas chez les amoureux) une suractivation de la substance grise périaqueducale – laquelle joue un rôle dans l'inhibition de la douleur lors de l'accouchement. De plus, des études montrent que, chez le rat, la désactivation de cette aire supprime tout bonnement tout comportement maternel.

L'ocytocine, nouveau remède miracle ?

Or, ces hormones de l'attachement seraient également des hormones anti-stress. Ainsi, toujours chez notre ami campagnol, le stress induit, ou une injection de corticostérone (l'hormone du stress synthétisée par les surrénales), facilite chez le mâle la formation de liens avec une femelle. Or, chez la femelle, c'est exactement le contraire : le même traitement inhibe la formation d'une préférence de partenaire. Conclusion : le stress et les corticoïdes auraient des effets diamétralement opposés sur l'attachement selon le sexe. Par ailleurs, chez ce rongeur, mâle ou femelle, que l'on supplémente artificiellement en ocytocine, on observe le même effet qu'une cohabitation réussie : la sécrétion de l'hormone du stress diminue. Et, sans surprise, des ratons séparés de leur mère se calment immédiatement si on leur injecte de l'ocytocine.

L'importance capitale de l'ocytocine a été vantée dans un certain nombre d'ouvrages assez « grand public ». Dans ses *Petits Arrangements avec l'amour ou Comment devient-on amoureux ?*, la neurobiologiste Lucy Vincent fait de l'ocytocine une des raisons du maintien du désir et de l'amour. Chercheuse suédoise, l'étonnante Kerstin Uvnäs Moberg ne cesse d'en faire l'éloge, et plaide pour les caresses et massages pour favoriser et maintenir au sein du couple sa production. Sans surprise, les laboratoires des plus grands parfumeurs rêvent de pouvoir en glisser dans la composition de leur essence. On trouve même ça et là, sur Internet, des sprays d'ocytocine de synthèse à la vente, dont on ne peut garantir toutefois la composition. Swann aurait-il pu s'attirer la fidélité de la volage Odette de Crécy s'il s'était aspergé d'ocytocine chaque matin ? L'histoire ne le dit pas et, là où les choses se compliquent, c'est que d'autres travaux très récents sur les campagnols font état d'un autre neurotransmetteur (la dopamine) et d'un autre circuit cérébral (le système mésolimbique), impliqués dans le choix et la fixation à un et un seul partenaire[10].

Mais, comme chacun sait, l'amour de l'autre ne se cantonne pas au sexe ni à la tendresse que l'on peut avoir pour son enfant. Il s'exprime aussi par le biais de l'amitié, de l'empathie et de l'altruisme. Et là encore, l'ocytocine peut favoriser d'autres formes de rapprochement social. En 2011, des chercheurs de la Duke University ont fait inhaler à des singes rhesus de l'ocytocine, puis leur ont présenté des jus de fruits. Chaque singe allait-il garder la boisson pour lui, la dédaigner ou la donner à son voisin ? Pendant les trente premières minutes, avant que l'ocytocine fasse effet, les singes avaient tendance à garder la boisson pour eux. Mais, passé ce délai, au moment où l'ocytocine commença à faire effet, ils devinrent beaucoup plus enclins à faire cadeau de la boisson à leur voisin. Plus étonnant encore : lors de ces échanges, les singes regardaient beaucoup plus longtemps leurs voisins dans les yeux que de coutume. Pour le chercheur Michael Platt, qui a dirigé ce projet, la supplémentation en ocytocine pourrait s'avérer un traitement de choix pour certains cas d'autisme ou certains types de schizophrénie, caractérisés par un retrait social massif et une

---

10- Pour un panorama très exhaustif de l'avancée de ces recherches, voir Kimerly A. Young, Kyle L. Gobrodge, Yann Liu, Zuoxin Wang, *The Neurobiology of pair bondings : insights from a socially monogamous rodent, Frontiers in Neuroendocrinology* 32 (2011), 53-69.

absence de liens d'attachement à autrui… Or, depuis quelques années, plusieurs recherches font état de relations entre de faibles taux d'ocytocine et l'autisme[11]. À suivre, donc.

Sarah Chiche

11- L'équipe d'Angela Sirigu du Centre de neuroscience cognitive à Lyon a récemment fait l'hypothèse qu'une déficience de cette hormone pourrait être impliquée dans les problèmes sociaux des autistes. En collaboration avec le Dr Marion Leboyer de l'Hôpital Chenevier, à Créteil, l'équipe a examiné si l'administration de l'ocytocine pouvait améliorer le comportement social de 13 patients souffrant d'autisme de haut niveau (HFA) ou du syndrome d'Asperger (SA). Les résultats de ces tests montrent donc que l'administration d'ocytocine permet aux patients autistes de s'adapter au contexte social en identifiant des comportements différents parmi les membres de l'entourage, et d'agir en conséquence en montrant plus de confiance envers les individus les plus coopérants. E. Andari, J-R. Duhamel, T. Zalla, E. Herbecht, M. Leboyer, A Sirigu, *Promoting social behavior with oxytocin in high-functioning autism spectrum disorders*, PNAS, In press, 2010.

COMMENT PARLER AUX TOUT-PETITS ?

Rencontre avec Marie-Noëlle Clément

Chez les plus jeunes, l'émotion prévaut sur les mots. Dès lors, comment leur parler ? À quel rythme évolue leur compréhension des événements ? Y a-t-il des sujets tabous ?

Qu'est-ce qu'un jeune enfant comprend d'une situation complexe, telle que le divorce de ses parents, ou le décès de son grand-père ?

Les enfants les plus jeunes, jusqu'à 2 ans, ne peuvent comprendre grand-chose sur le fond. Mais ils ont une forme d'intelligence perceptive qui leur permet de saisir avec une extraordinaire acuité toute forme de changement dans leur quotidien ou dans l'humeur de leurs proches. Si, par exemple, une personne décède dans la famille, ils ne peuvent pas saisir la teneur de cet événement. Mais ils ressentent que l'atmosphère familiale a changé, que leurs parents sont tristes, moins disponibles pour jouer ou communiquer. Et c'est la raison pour laquelle on ne peut pas faire comme si de rien n'était !

Le bébé structure son rapport au monde à travers les relations qu'il entretient avec les adultes qui s'occupent de lui : il relie progressivement les situations qu'il vit avec les mots posés par les adultes pour nommer les événements et les émotions qui les accompagnent. Si l'on décide d'attendre que la compréhension soit parfaitement au rendez-vous pour parler à l'enfant, alors on peut repousser indéfiniment l'échéance, car les situations de la vie sont souvent d'une telle complexité qu'on peut toujours se réfugier derrière cet argument pour ne rien en dire. Et puis, parler aux enfants de tout ce qui les concerne, dès le plus jeune âge, est aussi une manière pour l'adulte de s'habituer à trouver les mots et à les prononcer. L'échange entre le tout-petit et son entourage s'inscrit ainsi dans un continuum dans lequel l'enfant se repère de mieux en mieux au fil des mois. Lorsqu'un événement familial, notamment douloureux, est passé sous silence sous prétexte qu'un tout-petit ne parle pas, il est fréquent qu'il ne soit pas réabordé par la suite. À l'inverse, s'il est nommé, il continuera à faire partie des échanges familiaux.

Comment évolue la compréhension du tout-petit au fil de son développement ?

Le tout-petit appréhende d'abord le monde au travers de ses sensations, de ses éprouvés corporels, de ses perceptions sensorielles. Les mots des adultes viennent peu à peu nommer et structurer ce vécu sensoriel, lui donner du sens. Puis, à partir de 2 ans, l'enfant passe progressivement d'une compréhension perceptive du monde et des événements à une compréhension narrative : le langage se développe, et il comprend d'ailleurs les mots avant de pouvoir les prononcer et les utiliser lui-même. Enfin, entre 3 ans et 6 ans, les repères spatio-temporels se mettent en place. Il saisit alors le sens des adverbes de temps et d'espace : « avant », « maintenant », « après », « ici », « ailleurs », etc.

Les mots ont-ils pour l'enfant une valeur moindre que les émotions, que l'infra-verbal ?

En effet. L'enfant parle avant tout le langage du corps et des émotions, et c'est d'autant plus vrai qu'il est plus jeune. C'est pourquoi, face à un enfant, il est particulièrement important de mettre son discours en accord avec ses émotions. C'est le fameux « parler vrai » que préconisait Françoise Dolto. Cela signifie qu'il n'est pas judicieux de dire que l'on est content si l'on est triste, même avec la louable intention de protéger l'enfant… car alors il ne sait plus à quel saint se vouer !

Généralement, l'enfant ressent parfaitement lorsque sa mère est sombre, énervée, peu disponible. Or, elle lui assure que tout va bien : n'est-ce pas troublant ? Doit-il se fier à sa propre perception ? Doit-il se fier à la parole de l'adulte ? Plus l'enfant est jeune, moins il est assuré dans la construction de ses propres repères, et plus il privilégie la seconde option… au risque de perdre toute confiance en sa capacité à comprendre le monde qui l'entoure, puis, plus tard en la parole des adultes.

Existe-t-il justement des études soulignant la prévalence, chez le bébé, de la communication non verbale et des émotions sur le langage verbal ?

Il existe des études sur le « mamanais », cette forme de communication universelle que toute personne en position de prendre soin d'un bébé utilise spontanément. La voix devient chantante, le vocabulaire est simplifié, avec une hyperarticulation, une accentuation des voyelles, des formes interrogatives ou exclamatives, et une intense participation affective et mimogestuelle. C'est donc une forme de communication multimodale, dans laquelle le sens du discours occupe une place tout à fait secondaire. Les travaux de Colwyn Trevarthen, professeur de psychologie de l'enfant et de psychobiologie à l'université d'Edimbourg, montrent que les réactions du bébé, notamment mesurées par l'intensité de ses vocalises et de ses mouvements corporels, sont proportionnelles à la qualité et à l'intensité du mamanais utilisé par l'adulte. Si la voix de la mère est monotone, sans prosodie, et s'il n'y a pas de participation mimogestuelle, les « réponses » du bébé sont faibles ou inexistantes. Si, au contraire, la voix produit des pics prosodiques importants, et que l'adulte participe avec ses mimiques et son corps, alors le bébé entre dans le dialogue, par des vocalises et des mouvements corporels. Et même, au moment où la stimulation de l'adulte retombe, le bébé continue dans un premier temps à appeler la poursuite de ce dialogue en vocalisant, en accrochant son regard à celui de l'adulte, le corps toujours animé de mouvements.

Quelle parole préconisez-vous pour l'enfant, sur le plan de la forme et du fond ?

La forme doit évidemment être adaptée, car elle détermine la possibilité pour l'enfant d'accéder progressivement au sens du discours. L'information doit être donnée à l'aide de mots simples, de phrases courtes, affirmatives, et au présent, car il n'y a pas de notion de temporalité avant l'âge de 3 ans. Puis, il est souhaitable que l'adulte se place physiquement au niveau de l'enfant, car c'est moins impressionnant. Enfin, joindre le geste à la parole permet au tout-petit de mieux comprendre, de même qu'exagérer les mimiques lorsqu'il s'agit de nommer les émotions. Précisons qu'il vaut mieux que l'adulte ait pu se familiariser préalablement avec la situation dont il parle, de façon à ne pas être débordé par un trop-plein émotionnel qui pourrait angoisser l'enfant. Et n'oublions pas de rassurer l'enfant sur le fait qu'il n'est pas responsable de la situation difficile en question. Les tout-petits étant au centre des préoccupations de leurs proches, ils sont enclins à se penser à l'origine de toutes les émotions qui habitent leurs parents, leurs joies comme leurs peines.

Noyer un enfant sous un flot de paroles ne peut-il pas constituer un risque ?

Tout d'abord, il ne s'agit pas de « noyer » l'enfant de paroles, mais de se demander en quoi un événement le concerne, et quelle information lui est utile pour comprendre les changements qui affectent sa vie ou l'humeur de ses proches. Dès lors, il convient de lui parler avec un discours adapté, en évitant un excès de détails. Trop de paroles, trop de précisions incompréhensibles, c'est en effet plus angoissant que rassurant pour un tout-petit. Nos enfants ne sont pas nos confidents. Nous ne leur parlons pas pour nous soulager ou nous déculpabiliser, mais pour les aider à se structurer et à se construire au monde. Il faut donc savoir raison garder : le silence est délétère, la profusion d'informations l'est aussi.

À quoi voit-on qu'un jeune enfant qui ne parle pas encore vit mal une situation ? Quels sont les marqueurs de sa souffrance psychologique ?

Un tout-petit exprime sa souffrance par un changement de comportement : il est moins joueur, plus replié sur lui-même, moins appétant sur le plan relationnel. Il peut se montrer très agité, comme pour attirer sur lui une attention qu'il ne perçoit plus comme suffisante. Des troubles du sommeil, de l'appétit, des difficultés de séparation peuvent aussi se manifester.

Depuis quand les spécialistes préconisent-ils aux parents de parler à leurs jeunes enfants ?

Parler aux enfants, et particulièrement aux tout-petits, est une préoccupation relativement récente. En premier lieu parce que, pendant des siècles, la forte mortalité infantile contrariait l'investissement des adultes à l'égard des enfants : il fallait d'abord s'assurer qu'ils vivent ! Au XXe siècle, les progrès de la médecine aidant, cette inquiétude est peu à peu devenue moins prégnante. Pourtant, la notion de « Sujet » avant l'âge de 3 ans a continué de faire débat, jusqu'à ce que le travail des psychanalystes de l'enfant ne permette plus de remettre ce principe en question. Françoise Dolto reste la psychanalyste qui a radicalement changé le regard sociétal porté sur l'enfant dans notre pays. L'idée du bébé considéré comme une personne s'est véritablement imposée dans les années 1970-1980, même si les habitudes de communication parents-enfants ont été plus longues à évoluer. Aujourd'hui, les parents qui se présentent en consultation ont en effet l'idée qu'il est important de parler aux plus jeunes, et même aux bébés, mais d'une part ils veulent être confortés dans cette idée, et d'autre part ils veulent comprendre pourquoi. Et puis, ils ne savent pas forcément comment s'y prendre pour communiquer avec un enfant chez qui le langage est peu ou non développé.

Compte tenu de l'évolution des mœurs, consacrer un livre à la manière de parler aux tout-petits aurait-il été envisageable il y a une cinquantaine d'années ?

Il y a cinquante ans, l'organisation sociale et familiale reposait encore sur un modèle très patriarcal. Les enfants avaient peu droit à la parole dans les familles, et on ne les considérait pas en droit de savoir quoi que ce soit de la vie familiale, voire de la vie en général. De plus, beaucoup de sujets étaient « tabous », notamment tous ceux portant sur les questions de filiation. Le principe même de parler aux enfants restait à conquérir, et Françoise Dolto a énormément apporté de ce point de vue. Donc, un ouvrage de ce genre aurait paru totalement incongru. Probablement même n'aurait-il pas pu être imaginé car le principe de base n'en était pas acquis.

Dans votre propre ouvrage,* Comment te dire? Savoir parler aux tout-petits *(Philippe Duval, 2013) vous conseillez les parents dans leur manière de s'adresser à leur enfant, dans une pluralité de situations (Comment te dire que ton grand-père a un cancer, que ta maman est en prison...). Finalement, cela ne revient-il pas à orchestrer une attitude qui se voudrait naturelle et intuitive pour les parents, mais qui, dans les faits, ne l'est pas forcément?

C'est une très bonne question car c'est précisément ce que je voulais éviter en écrivant ce livre! Il s'agit de donner à connaître des éléments essentiels sur le « pourquoi » et le « comment » communiquer avec les plus jeunes, mais en aucun cas de prescrire un discours dans son contenu. C'est ensuite à chacun de trouver sa propre « voix »! Cependant, au-delà des principes utiles pour bien communiquer avec les tout-petits, je ne voulais pas éluder la question de la formulation. Pour chaque thématique abordée, je me suis donc pliée à l'exercice, en précisant bien que ce ne sont que mes mots, et qu'ils ne constituent pas un « prêt-à-dire » qui serait valable pour tous. Ils ont pour seule vertu de montrer qu'il est en effet possible de parler aux tout-petits de tout ce qui les concerne, y compris des sujets qui semblent les plus délicats.

D'ailleurs, pourquoi certains adultes éprouvent-ils tant de difficultés à parler à leur jeune enfant?

La communication avec un tout-petit passe par divers canaux: les mots, le corps, et les mimiques qui traduisent les émotions. Notre désir de communiquer avec les enfants dépend beaucoup des habitudes d'échange que nous avons connues dans notre propre famille durant notre enfance ou notre adolescence. Mais notre capacité à le faire dépend aussi de la manière dont nous investissons chacun de ces canaux de communication. Considérons tout d'abord la parole. Certaines personnes parlent pour donner une information. D'autres parlent même lorsqu'elles n'ont rien à dire: c'est ce que l'on appelle la fonction « phatique » du langage, celle qui sert avant tout à aller à la rencontre de l'autre, à s'assurer que l'on est bien ensemble. Communiquer avec un jeune enfant suppose de pouvoir investir cette fonction du langage. Si on parle de tout et de rien, tous les jours, tout le temps, alors il devient plus simple de prendre la parole lorsqu'on a en effet quelque chose de notable à dire.

En ce qui concerne la mimogestualité, particulièrement importante avec les bébés, certains adultes sont parfois inhibés dans ce domaine : ceux-là se sentiront alors plus à l'aise pour échanger avec un enfant plus âgé, qui s'exprime déjà verbalement. Communiquer avec les plus jeunes suppose de pouvoir retrouver en soi le tout petit enfant que nous avons été... Ce n'est pas évident pour tout le monde !

Mais il est des sujets qui demeurent difficiles à aborder pour la plupart d'entre nous : ce sont principalement les questions ayant trait à l'essence même de l'existence, à savoir l'origine et la mort. Il faut d'abord être en mesure de penser et se formuler les choses pour soi-même avant de pouvoir les transmettre.

Propos recueillis par Héloïse Junier

Y a-t-il des sujets tabous ?

Peut-on faire part à ses jeunes enfants de la maladie d'un membre de la famille, des difficultés de son propre couple ? « La question n'est pas de savoir s'il existe des sujets tabous ou non, mais si le sujet abordé les concerne ou pas, répond Marie-Noëlle Clément. Il peut les concerner directement en changeant quelque chose dans leur vie quotidienne, ou bien indirectement en affectant l'humeur de leurs proches. Dans les deux cas, il est nécessaire de leur en dire quelque chose. Cependant l'information ne doit pas forcément être exhaustive. On peut parler à un tout-petit de la mort de son grand-père sans entrer dans les détails de son agonie, ou encore lui annoncer que ses parents se séparent sans dire que Papa a trompé Maman ou inversement ! Mais il y a aussi beaucoup de sujets qui ne le concernent à aucun titre, et sur lesquels il n'a rien à savoir. C'est notamment tout qui a trait à la vie amoureuse ou sexuelle des parents. On a coutume de dire que le droit de savoir des enfants s'arrête à la porte de la chambre des parents ! Donner à un enfant des précisions qui dépassent ses possibilités de représentation du monde vient faire effraction dans son imaginaire.

COMMENT SE FAIRE OBÉIR ?

L'affaire est entendue : le temps des fessées, des gifles, des tapes sur la main (et des règles sur les doigts à l'école), des colères parentales – cris et punitions à l'ancienne (martinets et autres mises au coin) – est révolu. Disqualifié plutôt. Au risque de passer, si on les utilise, pour des parents rétrogrades et indignes. *La Libération des enfants*, comme l'a appelée le philosophe Alain Renaut (2002), s'est produite durant la seconde partie du XXe siècle. Dès 1959, l'Onu publie une première Déclaration des droits de l'enfant qui donne le ton des évolutions à venir : « L'enfant, pour l'épanouissement heureux de sa personnalité, a besoin d'amour et de compréhension. »

Une nouvelle ère s'ouvre. « Nous sommes passés de Cendrillon, contre qui la marâtre déploie une tyrannie faite de brimades, à Martine à la ferme où tout est éducation, bonheur et volupté[1] ! » Fini le temps de la Folcoche de *Vipère au poing* (Hervé Bazin, 1948), de Jules Vallès qui dédiait son livre « à tous ceux qui ont été rossés par leurs parents » (*L'Enfant*, 1879).

Cette révolution copernicienne, pointée par l'historien Philippe Ariès, s'est accompagnée d'un puissant courant porté par des psychologues et des psychanalystes dont, en France, la célébrissime Françoise Dolto. Telle une lame de fond, la vision de l'enfance s'est radicalement transformée. Alors que les familles devenaient moins nombreuses, l'enfant est devenu le bien le plus précieux des sociétés démocratiques.

Mais l'accompagner dans sa découverte du monde et dans la construction de sa personnalité, respecter sa liberté et ses choix – objectifs devenus prioritaires aujourd'hui – est-il aussi simple ? Beaucoup s'accordent sur le fait qu'une éducation « suffisamment bonne » nécessite d'exercer une autorité parentale, certes

1- E. Jaffelin, *Apologie de la punition*, Plon, 2014.

bienveillante, mais parfois contraignante, voire contrariante pour les désirs insatiables de sa chère progéniture.

Autonomie ou frustration ?

Dans la petite enfance notamment, il est essentiel de le protéger des risques qu'il est encore trop jeune pour mesurer : jouer avec un couteau pointu ou traverser la rue... On voudrait bien aussi lui apprendre à respecter des objets auxquels tiennent les adultes, ou les frères et sœurs... On aimerait qu'il daigne s'habiller en heure et en temps, même si l'on respecte sa volonté de le faire seul... Bref, il est des moments où il faut que l'enfant obéisse. Mais comment s'y prendre ?

La question divise toujours ! D'un côté, des sociologues comme François de Singly, spécialiste de la famille, prônent l'autonomie comme valeur fondamentale. La famille postmoderne, tout imbibée de valeurs démocratiques, a détrôné toute autorité supérieure à laquelle il faudrait se soumettre. « L'éducation démocratique accorde une place modeste à l'obéissance, ayant pour sens la sécurité plus que le dressage. Elle vise à ce que l'enfant puisse découvrir qui il est. Le développement enfantin est vu comme un voyage de découverte de soi et du monde, dans lequel les parents seraient des accompagnateurs attentionnés[2]. »

À l'extrême opposé, Aldo Naouri et ses déclarations fracassantes. Pour ce pédiatre imprégné de psychanalyse, il faut frustrer les enfants pour leur apprendre à gérer leurs pulsions. « Se justifier auprès d'un enfant revient à inverser l'ordre générationnel en lui permettant de juger, en le faisant, autrement dit, juge de soi. Or c'est exactement le contraire de ce dont a besoin l'enfant[3]. »

On pourrait se demander pourquoi cet appel à un retour d'une éducation répressive, faite de nécessaires frustrations, rencontre un tel écho médiatique ? La réponse se trouve peut-être dans la culpabilité de nombreux parents qui, malgré la bienveillance et l'amour qu'ils portent à leur descendance, craquent

2- F. de Singly, *Comment aider l'enfant à devenir lui-même ?*, Armand Colin, 2009. Voir aussi l'article « Il est permis de devenir soi-même », *Sciences Humaines*, n° 211, janvier 2010.

3- A. Naouri, *Éduquer ses enfants. L'urgence aujourd'hui*, Odile Jacob, 2008.

devant les exigences de ces petits tyranneaux que sont devenus les enfants d'aujourd'hui[4]. Car concilier obéissance et liberté démocratique n'est pas une chose simple !

Le pouvoir de la séduction

Elle est même si compliquée que le psychiatre Daniel Marcelli met en garde contre les dérives qui guettent cette autorité démocratique. Pour lui, celle-ci prend aujourd'hui les allures d'un *soft power* reposant sur la séduction. « L'usage de la force étant disqualifié, les parents utilisent la séduction pour parvenir à leurs fins. » D'où des marchandages sans fin (« si tu ne dis pas merci au monsieur qui vient de te donner un bonbon, il ne t'en redonnera plus jamais »), un appel excessif aux émotions positives (« fais-moi plaisir mon chéri » ou « là, tu me fais de la peine ») et, à terme, des parents qui supplient leurs enfants (« s'il te plaît mon cœur, lave-toi les cheveux ! ») de manière parfois cocasse...

Cet usage de la séduction est pour D. Marcelli tout le contraire d'une autorité parentale bien comprise. Il peut même avoir des effets délétères lorsque l'enfant, devenu adolescent, l'utilise à des fins de toute-puissance.

On l'a bien compris, le grand défi des sociétés contemporaines est de pouvoir guider l'enfant sans faire preuve d'un autoritarisme inutile et néfaste d'une part, mais sans se plier non plus à ce que D. Marcelli appelle « le pouvoir de l'infantile » : quand l'éducation qui vise le développement optimum de l'enfant, de sa personnalité, de sa réussite fait autorité sur la parentalité, mise tout entière au service de ses besoins.

Trouver la bonne distance, qui fasse de l'obéissance un lien de confiance plutôt qu'un outil de sujétion, c'est tout le problème de l'autorité qui est soulevé par ce psychiatre. Une autorité bienveillante et constructive, « une autorité qui autorise », comme il l'explique, plutôt que contraignante.

« Le modèle pouvoir-soumission est presque naturel, alors que le modèle autorité-obéissance est beaucoup plus compliqué à mettre en œuvre. C'est en quelque sorte un produit culturel –

4- Voir D. Pleux, *De l'enfant roi à l'enfant tyran*, Odile Jacob, 2002.

issu de nos sociétés contemporaines », souligne-t-il[5]. Il ne reste plus qu'à souhaiter bon courage aux parents !

Martine Fournier

Obtenir sans punir : six stratégies

Les manuels regorgent de conseils aux parents pour se faire obéir. Ces stratégies relèvent de la « manipulation positive » :

- **Fractionner les exigences.** « Range ta chambre » est une injonction vague qui peut paraître insurmontable. Il vaut mieux commencer par : « Ramasse les livres qui sont par terre », pour ensuite pouvoir demander plus.
- **Dire je plutôt que tu.** « Tu es pénible », « tu es désagréable », « tu es égoïste » : ces messages porteurs de jugements critiques risquent de couper la communication ou d'entraîner le repli de l'enfant. En revanche, dire « je t'ai trouvé pénible » est une affirmation respectueuse qui fait appel à sa capacité de changer.
- **Formuler positivement sa demande.** Dire « je veux que tu respectes tes copains » plutôt que « je veux que tu cesses de les taper ». Une formulation positive engage l'enfant à changer de comportement.
- **Utiliser la technique de l'étiquetage.** Comme les adultes, les enfants ont besoin de reconnaissance et envie d'être aimés. Le complimenter (de manière sincère) pour ses qualités permet de lui redonner confiance.
- **Utiliser le toucher.** Toucher le bras, l'épaule ou caresser les cheveux de manière légère, modifie positivement la relation et multiplie les chances d'obtenir une réponse favorable. Cette technique a été maintes fois confirmée par les expériences de psychologie sociale.
- **Donner l'exemple.** Aucun des conseils précédents ne peut fonctionner si les parents ne respectent pas eux-mêmes ce qu'ils voudraient voir faire leur enfant. « Fais ce que je dis, pas ce que je fais » est un message contre-productif !

C. Carré, *Obtenir sans punir. Les secrets de la manipulation positive avec les enfants,* Eyrolles, 2012.
G.-M. Vallet, *Se faire obéir sans (forcément) punir !* Larousse, 2012.

5- D. Marcelli, *Il est permis d'obéir. L'obéissance n'est pas la soumission*, Albin Michel, 2009, et *Le Règne de la séduction. Un pouvoir sans autorité*, Albin Michel, 2012.

UN ENFANT BATTU DEVIENDRA-T-IL VIOLENT ?

Une croyance commune veut qu'un enfant battu devienne fatalement violent. La réalité est pourtant plus complexe, note Gérard Lopez, psychiatre et président fondateur de l'Institut de victimologie de Paris : « S'il est rare de trouver un agresseur qui n'ait pas été maltraité, tous les enfants maltraités ne deviennent pas des agresseurs. Il n'y a heureusement pas de déterminisme dans ce sens, ce qui ruinerait toute velléité de combat contre la maltraitance. »

Claude Halmos, psychanalyste spécialiste de la maltraitance, enfonce le clou : « On ne devient pas bourreau parce que l'on a été victime. C'est un discours mis en avant par les bourreaux pour se dédouaner. Ce que l'on peut affirmer, c'est que le tissage qui mène à la violence est extrêmement complexe, que personne n'est génétiquement bourreau, que cela suppose une histoire où l'on a été soit victime de violence soi-même, soit témoin de violence sur des proches, et que cette histoire, parce qu'elle n'a pas été prise en charge correctement, n'a pu être dépassée. » Pas de fatalité, donc, et pourtant, un terrain propice. En effet, les psys s'accordent à dire que l'enfant ne peut pas concevoir qu'un parent le batte pour sa jouissance. L'enfant violenté se sent donc toujours coupable et se construit avec une image négative de lui-même. Il se dit que s'il n'avait pas fait de bêtise, il ne recevrait pas ces coups de ceinture. Qu'il est juste bon à déclencher la haine de l'autre et que, parfois, la seule façon de ne pas mourir des coups, c'est d'en jouir et de devenir soi-même ce personnage mauvais qui frappe à son tour…

Une potentialité démultipliée

Un engrenage que tendent à confirmer nombre d'études attestant des liens statistiques entre maltraitance et criminalité. Citons cette recherche américaine qui montre que les adolescents qui ont été physiquement maltraités avant l'âge de 5 ans sont cinq fois plus à risque d'être arrêtés pour des délits violents et non-violents[1]. Ou encore cette recherche néo-zélandaise, plus ancienne, qui suggère que la délinquance et la consommation de drogue et d'alcool sont corrélées aux maltraitances subies durant l'enfance[2].

Gérard Lopez note encore que « les personnalités traumatiques complexes ou *borderline*, dont la fréquence est corrélée à la maltraitance, présentent de graves difficultés à gérer leurs émotions, ce qui risque dans certains cas de favoriser les passages à l'acte violent et les conduites déviantes, voire délinquantes. » Pierre Lassus, psychothérapeute et directeur de l'Union française pour la sauvegarde de l'enfance, nous invite clairement à nous questionner sur le lien entre maltraitance et violence : « Tous les criminels en série ont été des enfants maltraités et tous les grands criminels d'État, Hitler, Staline, Franco, Miloševic, Saddam Hussein, ont été des enfants maltraités. »

La sourde violence du déni

Le seul rempart au recul de la maltraitance, et donc au développement de la violence chez les enfants maltraités, reste la prévention. Et pour prévenir, il faut identifier, mettre des mots sur les maux, ouvrir les yeux.

Claude Halmos confirme : « La façon dont la maltraitance va être négociée par l'enfant qui la subit, et donc l'adulte qu'il va devenir, dépend essentiellement de la façon dont la société va le protéger. La première exigence devrait être de ne jamais laisser un enfant battu à ses parents et de faire en sorte qu'il puisse se reconstruire ailleurs, aidé d'une thérapie. Dans la maltraitance, on est dans un rapport à la toute-puissance, le rapport entre le nazi et le déporté, le droit de vie ou de mort. Si la société n'inter-

1- J. E. Lansford *et al.*, « Early physical abuse and later violent delinquency : A prospective longitudinal study », *Child Maltreatment*, 12 (3), 2007.

2- D. M. Fergusson, M. T. Lynskey, « Physical punishment/maltreatment during childhood and adjustment in young adulthood », *Child abuse & neglect*, 21 (7), 1997.

vient pas, pour l'enfant, cela valide le fait qu'un adulte puisse faire n'importe quoi sans être inquiété. »

Mais il y a un profond hiatus entre les considérations générales sur la maltraitance et la réalité, insiste la psychanalyste : « Le service hospitalier qui reçoit l'enfant, le médecin scolaire, tout le monde devrait être en alerte et, si les bleus sont fréquents et nombreux, a minima se poser la question de la maltraitance. Car c'est une chose de savoir intellectuellement que la maltraitance existe, c'en est une autre que de se dire que le parent qui nous explique que son enfant est tombé de l'armoire ou dans l'escalier, a en fait un comportement monstrueux. Ce n'est pas représentable. Dans nos sociétés, le parent est sacralisé, on croit toujours que l'amour parental existe génétiquement, ce qui est évidemment faux. Françoise Dolto disait d'ailleurs que l'image de la mère vue comme la sainte vierge faisait beaucoup de mal ! »

Anne-Claire Thérizols

Mieux traiter les (futurs ?) maltraitants

La prévention de la maltraitance passe par l'accompagnement des parents dès la grossesse s'ils semblent mal appréhender la naissance de leur enfant, expliquait Françoise Molénat, pédopsychiatre au Centre hospitalier universitaire (CHU) de Montpellier, lors du colloque national sur les Violences faites aux enfants qui s'est déroulé au Sénat en juin 2013. C'est dans cette optique de prévention qu'elle a souhaité que le plan périnatalité de 2005-2007 inclue un entretien pratiqué à la maternité lors du quatrième mois de grossesse. « Les professionnels savent combien il est difficile d'englober dans un même mouvement d'empathie l'enfant maltraité et les parents en souffrance. Or, l'empathie est encore possible pendant la grossesse, observe la pédopsychiatre. À condition de prendre davantage au sérieux les femmes qui redoutent de ne pas arriver à être mères, et que le médecin ou la sage-femme sache quelles réponses apporter aux parents, ce qui est loin d'être toujours le cas. En outre, gare au vocabulaire : les parents peuvent avoir peur d'être repérés ou dépistés. En un mot, ils doivent se sentir compris et écoutés. Il faut inverser nos cultures professionnelles en ouvrant le dialogue. Il faut le temps, les moyens, les réponses, et surtout apprendre à travailler ensemble. » Sinon ces parents eux-mêmes peuvent se sentir maltraités par négligence. Ce « changement culturel profond » attendu par des professionnels comme Françoise Molénat n'est pas encore acté. D'autant que l'entretien du quatrième mois n'est pratiqué, pour l'instant, que dans 40 % à 45 % des cas…

Jean-François Marmion

JOLIES PRINCESSES ET PETIS MACHOS
Rencontre avec Anne Dafflon Novelle

La construction de l'identité sexuée est un long processus, qui n'est généralement pas achevé avant l'âge de 7 ans. Au cours de ce développement, l'enfant alterne des phases de souplesse et de rigidité vis-à-vis des stéréotypes associés aux comportements des filles et des garçons. À partir de quel âge les enfants développent-ils une perception sexuée du monde ? Le sexe est l'une des premières catégories que les enfants utilisent pour appréhender le monde qui les entoure. Dès 3-5 mois, les bébés sont capables de distinguer les personnes selon leur sexe. Mais la construction de leur identité sexuée ne s'achèvera que vers 5-7 ans.

Comment se déroule le processus de l'identité sexuée ?

Vers l'âge de 2 ans, les enfants sont capables d'indiquer de manière consistante le sexe des personnes rencontrées, mais en se basant sur des critères socioculturels (vêtements, activités, longueur des cheveux, etc.). À ce stade, c'est en quelque sorte la situation qui fait le sexe. Ensuite, vers 3-4 ans, les enfants comprennent que le sexe est une donnée qui perdure dans le temps : le petit garçon deviendra un homme, la petite fille une femme. Cependant, ils pensent encore qu'un individu peut changer de sexe en fonction des situations : une fille avec un costume de chevalier devient un garçon, mais redevient une fille dès qu'elle remet ses vêtements habituels. C'est seulement à partir de 5-7 ans – c'est-à-dire relativement tard ! – que les enfants atteignent le stade de la constance de genre. Ils comprennent alors non seulement que le sexe des personnes est stable dans le temps, mais également qu'il est lié à leur appareil génital – alors qu'avant cet âge, la longueur des cheveux est un critère beaucoup plus prégnant pour eux, par exemple. Cette prise de conscience se fait progressivement : d'abord pour soi-même, ensuite pour les « autrui proches » (parents, copains), enfin pour l'ensemble des personnes.

Au cours de ce processus, les enfants connaissent, dites-vous, une phase de rigidité face aux codes sexués. Qu'entendez-vous par là ?

En effet, à partir de 4 ans, la valeur accordée au respect des codes sexués est à son apogée chez les enfants. N'ayant pas encore atteint le stade de la constance de genre, et étant par ailleurs en train de développer leur jugement moral, ils perçoivent le fait de prétendre être un individu du sexe opposé comme une forme inacceptable de tricherie – que cela vienne d'eux ou d'autrui. Ils adoptent alors des comportements ultra-stéréotypés de « vrai garçon » et de « vraie petite fille », rejetant en bloc ce qui est censé relever du sexe opposé et n'hésitant pas à rappeler à l'ordre ceux qui transgresseraient la règle (« t'as pas le droit de jouer à la poupée, t'es pas une fille ! »). Leur attitude s'assouplit ensuite vers 7 ans, une fois acquise la constance de genre, avant de se rigidifier à nouveau à l'adolescence.

Cette phase de rigidité laisse souvent les parents perplexes : leur enfant se transforme en macho ou en princesse, alors qu'ils sont convaincus de ne pas les avoir éduqués comme ça. Du coup, beaucoup de pères et de mères finissent par attribuer l'origine de la différence de comportements entre filles et garçons à une cause biologique. Une croyance qui est d'ailleurs beaucoup plus répandue chez les parents que chez les non-parents !

Si la différence de comportements entre filles et garçons n'est pas biologique, comment l'expliquer ?

D'une part, les parents font des différences entre fille et garçon, même s'ils n'en ont pas forcément conscience. Ils projettent sur l'enfant tout un réseau d'attentes, qui diffèrent en fonction de son sexe – ce dont les enfants prennent rapidement conscience. On note d'ailleurs que les filles ont une latitude beaucoup plus grande que les garçons pour s'approprier des pratiques étiquetées comme masculines. On va beaucoup plus désapprouver un garçon qui joue à la poupée qu'une fille qui fait du foot. Ça ne prend pas forcément la forme d'un interdit, ça passe par des choses plus subtiles (et, encore une fois, non conscientes), comme une simple absence d'encouragements ou d'habiles suggestions: « Tiens, si tu choisissais plutôt tel jeu, tel sport, tel habit... » Par ce biais, l'enfant va très rapidement comprendre ce qui est « fait pour lui » et ce qui, à l'inverse, convient au sexe opposé.

D'autre part, les parents, aussi égalitaires soient-ils, ne réalisent généralement pas qu'ils sont loin d'être la seule source d'informations sur les codes sexués. Par lui-même, l'enfant explore le monde au prisme du masculin et du féminin. Pour chaque activité, vêtement ou autre, il fait des sortes de statistiques, se demandant s'il est plus souvent associé aux hommes et garçons, ou aux femmes et filles. Dès 2-3 ans, les enfants ont un réseau de connaissances très développé: ils savent par exemple quelles professions sont typiquement exercées par des hommes ou des femmes, quels sont les jouets plus souvent utilisés par les garçons ou les filles. Or ces informations ne lui viennent pas que de ses parents, mais aussi de l'univers de la fiction (livres pour enfants, publicité, dessins animés...), qui est beaucoup plus stéréotypé que la réalité elle-même. De manière plus générale, les enfants grandissent dans des univers de plus en plus sexués.

Quelles en sont les conséquences pour les enfants?

Les représentations associées aux deux sexes sont de plus en plus antagonistes à travers ces objets associés au monde de l'enfance. Ceux issus du monde féminin font davantage référence à l'esthétique, la sécurité, la douceur, le confort, la passivité, la sphère privée, tandis que ceux provenant du monde masculin sont plus orientés vers l'action, la prise de risque, l'esprit de compétition, la technologie, l'autonomie, l'indépendance et la vie publique. Or comme les jeunes enfants observent leur environnement pour comprendre ce qui relève du masculin et du féminin, ils vont également avoir tendance à intégrer et à se conformer aux représentations différenciées des deux sexes.

Propos recueillis par Xavier Molénat

Quelques notions clés

Schème du genre : Schème fondamental que l'on retrouve déjà chez les bébés, qui permet de catégoriser les gens selon le sexe masculin ou féminin.

Concept de genre : Conscience qu'un individu a de son propre sexe. Chez l'enfant, le concept de genre est acquis vers 6 ou 7 ans, lorsqu'il comprend qu'il est fille ou garçon de façon stable et permanente (ni les vêtements, ni la longueur de cheveux, ni les jeux n'y changent quelque chose).

Rôle sexuel : Modèle de conduite associé à chaque sexe dans une culture donnée. Ces rôles sont stéréotypés. Par exemple, jouer à la poupée pour les filles, à la bagarre pour les garçons, « se faire belle » pour une fille, « ne pas pleurer » pour un garçon. Les enfants de 5 à 7 ans y voient souvent une règle absolue. Plus tard, la règle devient plus flexible : ce sont plutôt les filles qui jouent à la poupée, mais les garçons peuvent aussi y jouer s'ils veulent.

Comportement sexuel croisé : Comportement atypique pour son propre sexe, mais typique du sexe opposé. Plusieurs études ont montré qu'il n'y avait pas nécessairement de corrélation entre l'adoption d'un comportement de ce type dans l'enfance et l'homosexualité.

A.D.N.

JEUX SEXUELS, JEUX DE VILAINS ?
Rencontre avec Jean-Yves Hayez

Internet et la télévision aidant, jamais les enfants n'ont eu un aperçu aussi précoce de la sexualité. Faut-il s'en inquiéter ? Et faut-il tolérer, encourager ou réprimer leurs premiers jeux érotiques ?

La sexualité des enfants est-elle un fait admis ?

C'est une réalité de la vie, en tout cas, qui concerne quasiment tous les enfants : ceux qui sont en bonne santé ont une vie sexuelle. Ceux qui ne présentent jamais un intérêt, ne posent jamais une question, ne font preuve d'aucune activité d'ordre sexuel me paraissent bien plus préoccupants par leur inhibition ou leur indifférence que ceux pour lesquels une mise en pratique de la sexualité s'intègre aux autres grandes fonctions psychophysiologiques. Le regard des adultes est moins simpliste en 2014 que dans les années 1950 : on accepte mieux que l'enfant puisse s'intéresser à la sexualité. Autrefois, quand il était surpris ne serait-ce qu'à se masturber, on lui promettait qu'il irait en enfer. Aujourd'hui, l'idée de la sexualité infantile est plus présente. Les gens sont informés, et invités à informer l'enfant. Pour autant, il est vrai qu'ils ne disent pas l'essentiel : ils parlent de la reproduction et des amours de beaucoup plus grands ! Et encore, souvent avec embarras… Les adultes découvrant que leur enfant a une vie sexuelle se sentent envahis dans leur territoire, leur domaine réservé. Et puis, trouver un enfant en train de se masturber, passe encore, mais s'il regarde de la pornographie sur Internet, ou s'il s'est déculotté avec un ou deux autres, il aura droit sinon à de la culpabilisation, du moins à de la désapprobation. Cependant, si elle reste modérée, je trouve cela plus acceptable que l'attitude de cette minorité de parents qui s'excusent de surprendre des jeux sexuels et qui les encouragent.

Ce mélange d'acceptation et de désapprobation vous semble un juste milieu ?

Il n'est pas forcément souhaitable qu'il en soit autrement. Un enfant bien dans sa peau doit s'attendre parfois à la désapprobation de ses parents en la matière : il est normal qu'il en soit un peu refroidi, provisoirement, puis qu'il reparte de l'avant. La sexualité se conquiert, et parfois de haute lutte ! Je ne crois pas qu'un adolescent bien dans sa peau ait jamais demandé à ses parents la permission de faire l'amour. C'est une décision que l'on prend tout seul, quand l'on se sent prêt, lorsqu'on l'a négociée avec son partenaire. Parfois, c'est l'utilisation de sa propre chambre qu'il faudra bien essayer d'obtenir clairement, mais pas le principe !

Vous avez mentionné des enfants ayant accès très précocement à du contenu pornographique. Est-ce qu'Internet et la télévision accélèrent ou bouleversent la découverte de la sexualité ?

L'accélération est indéniable. Notre société étant inondée de sexualité commerciale, la majorité des enfants normalement curieux connaissent assez tôt les mots, les images, les techniques. Au CP, on met déjà, par jeu, des zizis en bouche. Un petit de 9 ans partiellement autiste m'a raconté qu'à la récré, il avait « vu une dame lécher la bite des hommes » sur la tablette d'un pote. Pour lui, c'était banal. Tout cela s'intègre dans le développement de la connaissance sexuelle. Les enfants ne sont pas les plus gros consommateurs de pornographie : je ne suis pas sûr que ça en traumatise vraiment beaucoup, au-delà de certains moments initiaux de stress transitoire, ni que ça les transforme en pervers sans foi ni loi. Simplement, ils expérimentent, toujours curieux de s'identifier aux adultes. Et puis, quand on regarde ce qu'ils deviennent, quoi qu'on dise, la majorité silencieuse reste à la recherche de l'amour. L'âge des premières relations sexuelles reste stable, vers 15 ou 16 ans, et quand on voit sur le Net comment ils parlent de sexe entre eux, on constate qu'ils connaissent beaucoup de détails techniques, mais qu'ils veulent toujours réussir leur vie sentimentale comme leur vie sexuelle. Ils ont toujours un peu peur de leur corps, de ne pas procurer de plaisir à l'autre, et c'est un peu angoissant pour eux de savoir si leur partenaire va les aimer. Cela devrait nous rappeler notre propre histoire ! Certes, quelques-uns sont très précoces ou pas très respectueux d'autrui, d'autres prennent la pornographie pour modèle, on ne peut le nier. Mais ils sont minoritaires.

Les plus jeunes comprennent-ils que les copains et les copines avec lesquels ils explorent leur sexualité doivent être consentants, et qu'ils ne doivent pas le faire sur proposition d'un adulte ?

Ceux qui sont en bonne santé, oui. Si l'on pouvait observer tous les jeux sexuels entre 4 et 12 ans dans un espace et une durée bien précis, on verrait qu'environ 70 % des enfants en bonne santé mentale tiennent compte du consentement de l'autre, le plus souvent un camarade de leur groupe d'âge, et auquel ils attribuent un statut égal au leur. En revanche, si la sollicitation vient d'un adulte (alors toujours abuseur, qu'il apparaisse menaçant ou séducteur), un enfant n'a pas toujours le courage ni la possibilité de dire non… En outre, il existe des cas de figure plus complexes. Par exemple, on peut être en bonne santé mentale, affective et sexuelle, mais traverser quand même une mauvaise passe au moment où l'on doute davantage de soi et où l'on découvre vraiment le plaisir, entre 12 et 14 ans : dans ce contexte, j'ai connu plus d'un jeune ado ayant abusé de petits de 5 à 8 ans, dans des familles recomposées ou non. Ce sont de vrais abus qui font de vraies victimes, mais ce sont des abus transitoires, et l'ado passe tout de suite pour un monstre alors qu'il pourrait rentrer tout seul dans la normalité, en regrettant vraiment ses dérapages. Malheureusement, la scène sociale lui colle des étiquettes qu'il va garder pendant des années. Je ne dis pas que ce sont des problèmes faciles : je veux juste indiquer que même un jeune adolescent en bonne santé peut déraper. Il faut lui redonner sa chance, tout en s'occupant des victimes.

Les psychologues du développement et pédopsychiatres attachent-ils toujours autant d'importance aux théories freudiennes, et notamment au complexe d'Œdipe ?

C'est certainement plus nuancé que dans les années 1970. C'est Sigmund Freud qui a introduit l'idée d'une sexualité infantile, et je trouve, moi qui ne suis pas psychanalyste, que beaucoup de ses travaux restent valables. Les psychologues développementalistes contemporains admettent toujours la réalité du complexe d'Œdipe, avec leurs mots à eux, et sans plus en faire un des centres fondateurs du psychisme. Ce sont plutôt des successeurs de Freud qui se sont rigidifiés en tournant stérilement en rond dans des concepts. Je pense qu'il faut surtout se méfier d'une mauvaise utilisation de la psychanalyse, chez les auteurs français plus qu'anglo-saxons : on s'en sert comme d'un bouclier pour éviter d'aborder des faits. On va parler de refoulement, de fantasmes et de clivage, plutôt que d'admettre que trois enfants se sont sucés dans des cabinets de maternelle, et de chercher ce qu'il faut faire. Plus préoccupant : quand de très jeunes enfants racontent qu'ils ont été agressés sexuellement par un adulte proche, certains soi-disant experts, pour peu qu'il n'y ait pas de preuve physique, invoquent Freud pour dire qu'il ne s'agit que de fantasmes liés au complexe d'Œdipe. C'est parfois vrai, de même qu'il existe des mères qui soufflent de tels récits à l'oreille d'un enfant, mais dans bien d'autres cas l'abus est réel, et de vrais experts habitués à le diagnostiquer peuvent conclure à des probabilités… que l'on tient rarement en compte. Cette controverse n'est pas prête de se terminer.

Propos recueillis par Jean-François Marmion

VIRTUEL PSYCHIQUE ET VIRTUEL NUMÉRIQUE

En quelques années, les technologies numériques ont bouleversé notre vie publique, nos habitudes familiales et même notre intimité. Les très jeunes enfants acquièrent rapidement avec les tablettes tactiles une habileté qui étonne les adultes, les plus grands sont scotchés à des jeux auxquels les adultes ne comprennent rien et les adolescents semblent gérer leur vie entière depuis leur smartphone. Une chose est sûre : ce mouvement ne fait que commencer, plus rien ne sera comme avant. Les technologies numériques ne sont pourtant que des outils, et il y a loin de leur utilisation à la modification de notre fonctionnement cérébral que certains appréhendent. Ces outils, il est vrai, changent nos habitudes. Nos enfants ont-ils pour autant d'autres façons de fonctionner dans leur tête ? Commençons par évoquer celles qui ne changent pas.

Imaginez dans une classe quatre jeunes qui s'ennuient. Cela a toujours existé et existera probablement toujours. Chacun à sa manière va s'évader dans ses pensées. Le premier s'imagine en chevalier terrassant des dragons ou en combattant accomplissant des actions héroïques. On peut dire qu'il « rêvasse ». Le deuxième rêve qu'il est un excellent élève et qu'il séduit son enseignante. Son activité mentale met en scène un accomplissement de désir teinté de fortes connotations œdipiennes : il s'agit bien entendu de prendre la place du père symbolique. Le troisième élève se demande concrètement comment trouver un moyen astucieux pour avoir de bonnes notes sans travailler. Il est dans l'imagination créatrice. Enfin, le quatrième décide de prendre rendez-vous avec le conseiller d'orientation. Il se prépare à l'entretien, et au moment de celui-ci, il affronte le conseiller avec l'image qu'il s'est faite de lui. Mais dans la mesure où cette image est forcément différente du conseiller réel, il doit sans cesse la transformer pour s'adapter.

Cette image définit le virtuel psychique : celui-ci est tissé de préconceptions et d'attentes relatives à une personne réelle avec laquelle la relation s'actualise. C'est la capacité de cet élève de changer rapidement l'image qu'il a de son interlocuteur, si celui-ci ne correspond pas à l'idée qu'il s'en était fait, qui va alors être la clef de sa capacité à réussir cet entretien.

Confiez maintenant à ces jeunes un ordinateur. Chacun d'entre eux va probablement l'utiliser pour faire encore mieux ce qu'il faisait déjà, qu'il s'agisse de jouer à un jeu vidéo, d'aller sur Facebook, ou de surfer sur la Toile. Mais que font-ils au juste ? Comment définir leur activité mentale ?

Rêvasser : le refuge dans le fantasme

Les sortes de « vidéos mentales » qui se déroulent dans la tête du premier élève ne lui apportent rien, si ce n'est la possibilité de fuir temporairement une situation qu'il vit comme pénible. Des personnalités blessées ont ainsi toujours tenté de trouver refuge dans des sortes de rêveries éveillées qui satisfont un désir de toute-puissance irréaliste pour faire écran à une réalité amère qu'elles cherchent à fuir. C'est ce que le psychanalyste Donald Winnicott appelait, dans *Jeu et Réalité* (1971), la « fantasmatisation compulsive ».

On y accomplit des choses extraordinaires sans aucune relation avec la vie réelle, ni même avec des désirs personnels. En d'autres temps, cet enfant aurait peut-être gravé des entailles avec son canif sur son bureau de bois. Donnez-lui un ordinateur, et au lieu de s'abandonner à une rêvasserie passive, il s'engagera activement dans une rêvasserie assistée par ordinateur. Par exemple, il combattra des morts-vivants dans un décor moyenâgeux. Les espaces virtuels constituent en effet facilement, pour celui qui le souhaite, un espace de toute-puissance fantasmatique dans lequel tout est possible. Celui qui désire fuir une réalité problématique – interne ou externe – s'y réfugie en développant un jeu répétitif et sensori-moteur, c'est-à-dire fondé sur des répétitions motrices, qui tient sa pensée à l'écart. Chez l'enfant, cette attitude peut faire suite à l'annonce du divorce des parents, à un harcèlement scolaire, à la mort d'un proche, à une déception sentimentale, mais elle est aussi parfois une façon d'échapper à l'angoisse d'un désordre mental qui débute… Elle est heureusement le plus souvent une façon de fuir temporairement les inquiétudes propres aux bouleversements de l'adolescence.

Rêver : la mise en scène des désirs secrets

Passons maintenant à notre deuxième élève. Il rêve, disions-nous, qu'il est un excellent élève et qu'il séduit son enseignante. Ce n'est plus le désir de toute-puissance qui est au premier plan, mais la possibilité de réaliser dans l'imaginaire des désirs qui trouvent leur origine dans des situations de la réalité. Celui qui rêve met en scène ses désirs secrets, érotiques et agressifs. En d'autres temps, cet élève aurait peut-être gravé sur son bureau de bois le nom de la fille dont il était amoureux sans oser le lui dire, ou celui de son rival, pour le lacérer ensuite de coups de canif. Donnez-lui un ordinateur, sa rêverie deviendra assistée. Il choisira des jeux centrés sur la rivalité et la rencontre qui lui permettront d'apaiser de façon décalée ses désirs à l'égard des personnes qui constituent son entourage. Il jouera aux Sim's par exemple : il y tuera la figurine qui représente pour lui son père ou sa mère, ira draguer la voisine comme il rêve de le faire, mais il ne s'engagera pas plus pour autant dans ce projet en réalité. Cette façon de jouer est parfois aussi envahissante que la rêvasserie assistée par ordinateur, et pourtant il existe entre les deux une différence essentielle. La complexité des désirs personnels du joueur y est mise en scène. Comment faire la différence ? C'est très simple : en proposant au joueur de raconter son jeu.

En effet, les jeux vidéo permettent à chaque joueur de choisir sa façon de jouer. Soit il privilégie les interactions sensorielles et motrices dans lesquelles l'important est de surveiller l'apparition de certains objets sur son écran afin de les faire disparaître ou de s'en emparer ; soit il privilégie les interactions émotionnelles et narratives à travers lesquelles il se raconte une histoire sur le modèle des « Livres dont vous êtes le héros ». Un équilibre entre ces deux formes d'interactions correspond à un jeu socialisant.

Au contraire, le fait de privilégier exclusivement les interactions sensorimotrices correspond à un jeu appauvrissant et constitue le plus souvent une forme de fuite devant la réalité et un refuge. Celui qui développe une rêvasserie assistée par ordinateur a un jeu compulsif et stéréotypé, centré sur les interactions sensorielles et motrices. Au contraire, celui qui s'adonne à la rêverie assistée par ordinateur adopte plutôt un jeu narratif.

Imaginer : la projection dans le futur

Il arrive parfois que la rêverie se fasse imagination. L'imagination est une orientation volontaire de l'esprit en vue de résoudre un problème ou d'anticiper un événement redouté ou désiré. C'est une forme de pensée visuelle qui anticipe des transformations que le sujet se fixe pour but de réaliser. Elle y projette le sujet en lui faisant constituer des projets dans une perspective de bonheur à venir. Le passage du rêve (ou de la rêverie) à l'imagination se réalise lorsque nous décidons de transformer notre environnement réel. Nos rêves se font projets... Cela a d'autant plus de chances d'arriver que l'on est capable de les interrompre et d'en prendre conscience.

Il semble que les échanges médiatisés par Internet puissent être utilisés de cette façon. Ils permettraient notamment à des personnes qui ont des difficultés relationnelles d'interagir à travers les réseaux et de se préparer ainsi à des rencontres réelles. Ce serait notamment le cas des adolescents introvertis. D'ailleurs, les jeunes qui déclarent se sentir mal à l'aise lors des interactions sociales réelles, c'est-à-dire qui ont du mal à entrer en contact avec des personnes physiques parce qu'ils se sentent facilement intimidés, semblent faire un usage plus marqué des réseaux sociaux, et évoluer à long terme vers une diminution progressive de leur repli sur eux-mêmes et une meilleure aisance dans les relations de la vie quotidienne. Autrement dit, l'adolescent mal à l'aise dans le schéma de communication en face à face peut s'investir davantage sur le Net de façon à renforcer à terme ses aptitudes à communiquer.

Certains jeux vidéo peuvent eux aussi stimuler l'imagination anticipatrice. C'est le but des « *serious games* ». Mais c'est aussi le cas chaque fois que le joueur utilise un jeu en réseau comme un espace potentiel au sens où en parle D. Winnicott. Sa façon de jouer témoigne à la fois des enjeux de sa vie psychique intime et de ses préoccupations sociales à travers les rencontres qu'il y fait. C'est le cas de celui qui joue avec des partenaires qu'il connaît, et qu'il retrouve régulièrement dans sa vie concrète. Les enjeux symboliques sont très importants dans sa façon de jouer, mais ses liens dans la réalité le sont tout autant. Certains de ces joueurs peuvent être considérés comme « excessifs » selon les critères classiques. Ils ont pourtant une excellente socialisation. Pour eux, le jeu constitue un enrichissement de leur vie, à la différence des joueurs pathologiques qui, adeptes de la rêvasserie assistée par ordinateur, appauvrissent leur vie par une attitude de fuite qui les isole et les désocialise.

Virtualiser : l'adaptation au réel

Alors que l'imagination anticipe à long terme, le virtuel est de l'ordre d'une réalité psychique qui accompagne la rencontre réelle. Il est la représentation que nous nous faisons de quelqu'un ou de quelque chose en sa présence… Au point parfois de nous empêcher de le voir correctement et, s'il s'agit d'un être humain, d'entrer en relation avec lui. Toute relation est en effet toujours tendue entre deux pôles forcément décalés : un pôle virtuel fait de nos attentes et de nos représentations, et un pôle réel nourri des perceptions liées au contact avec le monde. Si un individu n'a pas la possibilité d'inventer le pôle virtuel de la relation en présence de l'objet réel, il est envahi par les perceptions et les sensations liées à celui-ci. Mais inversement, s'il n'a pas la possibilité d'investir le pôle concret d'une relation, il court le risque de ne pas se rendre compte que son interlocuteur est différent de ce qu'il en anticipe et d'adopter vis-à-vis de lui des relations inadaptées. Pour être adapté à la réalité, nous devons sans cesse aller et venir entre ces deux pôles, c'est-à-dire modifier nos représentations internes à l'aide des informations que nous donnent nos sens, puis agir sur la réalité en fonction de nos nouvelles représentations. Le premier de ces deux mouvements consiste en une virtualisation des données concrètes de l'expérience, et le second dans une actualisation de notre virtuel psychique[1].

Nous pouvons utiliser les pouvoirs de virtualisation de nos ordinateurs pour avoir plus de relations authentiques et riches, ou au contraire des relations réduites à ce que nous souhaitons : dans le premier cas, Internet nous permet de découvrir de nombreuses personnes et de nombreuses réalités que nous ne pourrons jamais connaître « en vrai », c'est-à-dire en présence réelle ; dans le second, il nous permet de ne pas rencontrer en réalité une personne avec laquelle nous avons pourtant des échanges parce que nous craignons de la découvrir différente de l'image que nous désirons avoir d'elle. Dans un autre temps, celui qui est dans cette attitude d'esprit aurait parlé à ses copains sans se soucier de ce qu'ils pouvaient comprendre et penser. Grâce à une connexion sur Internet, il fait la même chose avec de nombreux inconnus.

Écrans : le métissage des cultures

Nous voyons mieux maintenant ce qui ne change pas. L'être humain a toujours eu la possibilité de rêvasser, de rêver, d'imaginer et de virtualiser sans ordinateur. Les technologies numériques permettent seulement de le faire mieux, en privilégiant exactement de la même façon les activités qui favorisent la rencontre et la transformation de la réalité, et celles qui organisent la fuite et le désengagement. Tout y est question de moment et de choix.

Pourtant, quelque chose a fondamentalement changé. Nous savons en effet qu'il existe deux grandes formes d'intelligence. La première est appelée séquentielle, ou encore cristallisée. Elle code nos pensées, qui peuvent être simultanées, de manière à les situer dans un ordre de succession. Elle s'applique notamment à la lecture, à l'écriture et au langage parlé, et joue un rôle essentiel dans la capacité de construire une narration, et de pouvoir nous percevoir nous-même comme l'agent de notre histoire. La seconde de ces deux formes d'intelligence est dite simultanée ou fluide. Elle permet de traiter plusieurs informations en parallèle sans qu'il soit nécessaire d'établir entre elles un ordre et une

1- P. Lévy, *Qu'est-ce que le virtuel ?*, La Découverte, 1995.

hiérarchie. C'est elle qui est mise à contribution quand nous regardons un tableau ou une image. Notre œil peut se poser à chaque instant sur un point différent sans que nous ne sachions jamais quelle partie de l'espace regarder en premier. L'homme a inventé le langage, puis l'écriture et le livre comme un moyen d'objectiver et d'amplifier les capacités liées à son intelligence séquentielle; mais il a aussi inventé les images et surtout les mondes numériques comme un moyen d'explorer et d'amplifier les capacités liées à son intelligence fluide que le langage et le livre ne prennent pas en compte[2].

Les bénéfices des deux cultures qui en résultent sont donc complémentaires. Du côté du livre, c'est la stimulation des habitudes et des automatismes qui soulagent la pensée, mais surtout la possibilité pour chacun de devenir le narrateur des histoires qu'il traverse, et de la sienne propre. La culture numérique stimule l'interactivité, l'innovation, favorise la capacité de faire face à l'imprévisible. Lire des livres permet de construire l'intelligence narrative et de s'approprier sa propre histoire. Tandis que la culture numérique, notamment les jeux vidéo, est susceptible aujourd'hui de préparer nos enfants à faire face au monde futur. Cette opposition entre culture du livre et culture numérique que nous venons d'esquisser est pourtant probablement temporaire, pour ce qui concerne les processus cognitifs tout au moins. Car les technologies numériques ont eu sur le monde des écrans deux effets exactement opposés. D'un côté, elles les ont affranchis d'une logique narrative calée sur le déroulement du langage parlé-écrit, et ont valorisé les représentations spatialisées et les formes de pensée qui leur sont liées. Mais d'un autre côté, elles permettent de métisser les textes et les images, et donc de mélanger, bien mieux que toutes les technologies précédentes, les modes de pensée qui y correspondent.

Serge Tisseron

2- S.Tisseron, *Psychanalyse de l'image. Des premiers traits au virtuel*, Dunod, 1995.

Le présent article a été publié pour la première fois dans le magazine *Sciences Humaines*, n° 252, octobre 2013.

L'enfant qui téléphonait sur son tricycle

Les enfants sont de formidables imitateurs, et ceux d'aujourd'hui acquièrent les gestes qui correspondent à notre utilisation des technologies numériques avant même de savoir que celles-ci existent. Et ils développent en même temps les modes de socialisation, les inquiétudes et les espoirs qui leur sont associés (S. Tisseron, *Virtuel mon amour. Penser, aimer et souffrir à l'ère des nouvelles technologies*, Albin Michel, 2010). Par exemple, j'ai reçu en consultation un bébé de quatorze mois qui se déplaçait toujours avec la main droite collée sur l'oreille. Il avait été conduit chez le médecin pour une suspicion de problème auditif, mais l'exploration clinique n'avait rien montré d'anormal. En revanche, l'entretien familial révéla que l'enfant était promené chaque samedi en poussette par son père, qui mettait à profit ces moments pour passer ses appels téléphoniques ! L'enfant voyait l'adulte la main sans cesse collée à l'oreille et il s'était mis à faire pareil. Il n'avait aucune idée de ce qu'est un téléphone mobile, mais il avait déjà adopté le geste de l'utiliser. Et il avait aussi probablement intégré qu'on peut faire autre chose en même temps. Son père ne le promenait-il pas en parlant à quelqu'un d'autre ?

Voici un autre exemple. À l'occasion d'une fête familiale, une grand-mère n'avait pas pu être présente. On décida de l'appeler afin que chacun puisse la saluer. Lorsqu'arriva le tour d'une fillette de quatre ans, elle se saisit de l'appareil, puis se précipita dans sa chambre, y prit son tricycle et se mit à pédaler frénétiquement autour de la table du salon tout en parlant avec sa grand-mère ! En fait, là aussi, la fillette ne faisait que reproduire à sa façon ce qu'elle observait chez ses parents. Comme la plupart d'entre nous, ils avaient souvent des conversations téléphoniques en faisant autre chose. Ils parlaient au téléphone en faisant la vaisselle ou la cuisine, en mettant la table, voire en communiquant par des mimiques avec leur fille… Pour celle-ci, « être grand », ce n'était donc pas seulement posséder un téléphone, c'était téléphoner en faisant autre chose.

Le problème est que cette attitude s'accompagne vite de la conviction que notre interlocuteur n'est pas plus attentif à nous que nous ne le sommes à lui. Cette inquiétude est particulièrement vive à l'adolescence. Qu'est-ce qui prouve que, là-bas, l'être cher ne me ment pas ? Les questions « T'es où ? », « Tu fais quoi ? » et « T'es seul ? » tournent en boucle dans la tête de l'adolescent comme la fillette sur son tricycle. Puis, au fur et à mesure que nous sommes rassurés sur l'affection qu'on nous porte, nous avons moins besoin de réponses à ces trois questions. Et un jour, nous nous contentons de la première, celle qui passe le mieux pour une simple demande d'information : « T'es où ? ». Nous sommes devenus adultes…

S.T.

Faut-il laisser son bébé jouer avec une tablette ?

Nathan, 18 mois, écarquille ses deux grands yeux bruns et esquisse une mimique concentrée comme s'il venait de saisir la complexité de la théorie du Big Bang. En fait, il vient de déverrouiller une tablette tactile. De son petit doigt, il appuie sur les icônes, lance des vidéos, et fait défiler des images en caressant l'écran. Ses parents le regardent d'un œil admiratif, trouvant leur chérubin fort habile. Sur YouTube, nous pouvons voir un chat essayant d'attraper un petit poisson virtuel à l'aide de sa patte droite, sur une tablette, avec une adresse comparable à celle de Nathan[1]. C'est un fait : les concepteurs de ces jouets numériques ont su créer un produit à la portée d'une poignée de mammifères, le bébé humain compris.

Une exposition aux écrans de plus en plus massive

Le constat des professionnels est unanime : le contact avec les écrans est de plus en plus précoce, de plus en plus prolongé. Celui-ci peut d'ailleurs s'opérer de manière indirecte dès la maternité, lorsque la télévision vient s'immiscer dans l'intimité des tout premiers échanges entre une maman et son nouveau-né. Quelques mois plus tard, l'enfant devient un consommateur à part entière. Véritable baby-sitter d'appoint, l'écran captive le petit spectateur, octroyant aux parents la liberté de vaquer à leurs occupations. Pendant ce temps, les entrepreneurs intrépides se frottent les mains : le marché de la tablette pour bébés est né. Leur objectif annoncé ? Stimuler l'intelligence et les apprentissages des tout-petits. Une perspective qui ne manque pas de séduire les parents. Pour autant, ces mêmes concepteurs sont parfois les derniers à mettre une tablette entre les mains de leurs propres enfants, Steve Jobs et quelques dirigeants de la Silicon Valley en tête[2].

Tablettes et bébés ne sont pas compatibles

Contrairement aux idées reçues, le jeune enfant n'a pas besoin d'un environnement sophistiqué pour s'épanouir sur le plan cognitif. L'intelligence sensori-motrice, décrite Piaget, se développe avec l'expérimentation de son environnement par ses sens. « Quand un enfant tient en main un cube en bois, qui a un poids particulier, ses muscles calibrent sa perception du monde autour de lui. Or, dans une tablette, le crocodile, l'éléphant et la fleur auront tous le même poids, le même goût, la même odeur » souligne le pédopsychiatre Bruno Harlé[3]. Résultat : les tablettes offrent finalement une stimulation plutôt pauvre.

1- En 2011, Friskies a lancé trois webapps pour chats.

2- Édito du site Internet du *New York Times* : « Steve Jobs was a low-tech parent » (10 :09/2014).

3- Bruno Harlé est pédopsychiatre, responsable de l'unité d'hospitalisation d'enfants de 6 à 13 ans au Centre Hospitalier Le Vinatier de Bron, en Rhône-Alpes, et co-fondateur du site web neurosciencefictions.org

Un autre élément est indispensable dans le développement de l'intelligence : l'interaction. Au cours d'un échange avec un enfant, l'adulte adapte instinctivement le choix de ses mots, il reformule ses propos inexacts, et n'hésite pas à lui faire répéter. Ces *feed-back* sont précieux au bon développement du langage et des interactions sociales. Or, cet accordage émotionnel entre le bébé et son interlocuteur ne peut justement pas être exécuté par un robot, qu'il ait l'apparence d'un petit hamster ou d'un lapin souriant, que la tablette soit dite interactive ou non. « Je crains qu'un piagétisme un peu succin n'ait été mal interprété. Certes, le bébé doit être actif pour apprendre (ce qui peut être le cas lorsqu'il est face à une tablette). Or, un bébé n'apprend pas forcément s'il est actif ! » rappelle Roger Lécuyer. Sans oublier que la tablette comme la télévision « bombarde l'enfant et l'habitue à une forte intensité de stimulations » ajoute Bruno Harlé. Conclusion : ces engins ne permettent pas de booster leurs capacités cognitives, ni d'en faire des petits Einstein. Mais sont-ils au moins sans danger pour leur développement ?

Un usage qui n'est pas sans risque

Les méfaits de la télévision ont été largement confirmés par la recherche[4] : « Regarder la télévision (...) peut entraîner chez les bébés des troubles du développement tels que la passivité, retards de langage, agitation, troubles du sommeil, troubles de la concentration et dépendance aux écrans » résume le Conseil supérieur de l'audiovisuel. Les fameuses tablettes tactiles quant à elles ne sont pas encore passées dans la moulinette de la recherche scientifique. C'est donc vers le terrain que nous devons nous tourner pour mieux appréhender leurs effets. Sabine Duflo[5] constate quotidiennement les méfaits de ces machines sur le comportement et le développement cognitif de ses petits patients. Car, pour elle comme pour moult spécialistes, le parent ou l'adulte attentif restent les meilleurs stimulateurs de l'intelligence du bébé. Ces enfants qui souffrent de difficultés d'attention, de troubles du comportement, d'agitation, de difficultés d'endormissement, de retard de langage sont souvent surstimulés par l'écran. Or, « lorsque les parents suivent mes recommandations de limitation du temps d'écran, des effets bénéfiques sont rapidement observables, surtout chez les plus petits ! » témoigne cette psychologue clinicienne. Loin d'être un cas isolé, cette observation est le lot commun de nombreux professionnels de terrain[6]. À présent, on comprend mieux pourquoi Steve Jobs et certains de ses acolytes, avaient délibérément fait le choix de ne pas offrir de tablette *high-tech* au Noël de leurs rejetons...

Héloïse Junier

4- M. Desmurget, B. Harlé, « Effets de l'exposition chronique aux écrans sur le développement cognitif de l'enfant », *Archives de Pédiatrie*, 19 (7), 2012.

5- Sabine Duflo est psychologue clinicienne au Centre Médico Psychologique de Noisy-le-Grand.

6- L'Académie américaine de pédiatrie a déconseillé toute intrusion d'écrans dans la vie de l'enfant avant ses trois ans.

« VOTRE ENFANT NE FERA JAMAIS RIEN »

Les enfants « dys » n'ont pas le monopole de la souffrance à l'école : ils tendent pourtant à éclipser le problème plus global de l'échec scolaire. L'école est un lieu d'apprentissage, de socialisation, de découvertes… et de souffrance, pour les enfants qui ne parviennent pas à y trouver leur place. Souffrance qui se traduit dans la plupart des cas par des difficultés scolaires.

Troubles scolaires…

Il est très difficile de rentrer sur le marché du travail sans diplôme, d'où une quasi-obligation de réussite scolaire pour les enfants. La pression est énorme. Les enfants sont évalués dès la maternelle et d'une certaine façon « orientés par l'échec » tout le long de leur parcours, déplore Patricia Garouste, psychologue scolaire et membre du comité d'administration de l'Afpen, Association française des psychologues de l'Éducation nationale. « L'école n'est plus seulement un lieu de juvénilité, où les enfants, confrontés à la différence, apprennent à se mesurer les uns aux autres, à vivre ensemble, où on les protège en attendant qu'ils grandissent, dit Nicole Catheline, pédopsychiatre au centre hospitalier Henri Laborit, à Poitiers, et responsable d'un centre référent des troubles du langage. C'est devenu un lieu où il faut apprendre, être le meilleur, passer devant tout le monde. » Et ce n'est pas sans effet sur les rapports entre les parents, les enfants et l'école. « Pour qu'un enfant investisse sa scolarité, il doit être disponible pour les apprentissages et curieux. Se poser des questions sur le monde en admettant qu'il ne sait pas tout », explique Jean Chambry, pédopsychiatre au CHI Fondation Vallée, à Gentilly, et au CHU du Kremlin-Bicêtre. « On apprend forcément de quelqu'un d'autre », ajoute Nicole Catheline, et pas seulement de ses parents, « ça veut dire être capable de se séparer, d'accepter des points de vue différents de ceux qu'on connaît. » Une autre condition pour parvenir à travailler à l'école est d'avoir investi le verbal : s'intéresser au langage, le considérer comme le moyen de communication privilégié qui structure notre pensée. Sur les 95 adolescents en grande difficulté dont Nicole Catheline s'occupe à Mosaïque[1], 91 ont bénéficié de suivis orthophoniques dans l'enfance. C'est dire l'impact que la capacité à investir le langage a par la suite.

Venir à l'école, c'est aussi vivre en collectivité et intégrer un système de socialisation, avec ses règles, ses limites et ses interdits, lesquels peuvent être très différents de ceux en vigueur à la maison. C'est d'autant plus difficile que l'école continue à fonctionner sur un mode de transmission du savoir vertical, avec une dimension hiérarchisée : « Le maître enseigne à l'élève, explique Jean Chambry, alors que la société privilégie de plus en plus les rapports horizontaux, notamment grâce aux nouvelles technologies. L'enfant baigne dans cet univers interactif et ludique, où il touche à tout, l'ordinateur, le portable, avec parfois plus de facilité que les adultes ; et à 6 ans, il entre au CP et on lui dit : « "Tu restes assis, tu écoutes, tu ne bouges pas, c'est moi qui sais et toi tu apprends". La majorité des enfants et des adolescents ont la capacité de s'adapter ; mais les enfants immatures, intolérants à la frustration, en fragilité dans la construction de leur appareil psychique risquent de souffrir. »

Les souffrances liées à la séparation, aux rythmes imposés et aux contraintes (respect des règles, changements d'activités, temps collectif) sont particulièrement fréquentes à la maternelle, y compris chez ceux qui ont connu la crèche, d'après Patricia Garouste.

Et des apprentissages

Outre les souffrances liées à la scolarité, à la difficile initiation au « métier d'élève », comme disent parfois les enseignants, il y a celles liées aux troubles spécifiques des apprentissages. C'est alors la réalité de la tâche cognitive, et non plus des problèmes

1- Mosaïque est une structure du centre hospitalier Henri-Laborit de Poitiers, destinée aux collégiens et lycéens en difficulté.

psychologiques, qui met les enfants en difficulté. Un enfant « dys » se sent moins performant que ses camarades. Avant que le diagnostic n'ait été posé, il est souvent perçu comme lent, inattentif, turbulent ; on lui reproche de ne pas faire d'effort, d'être paresseux. Il est fréquemment réprimandé et puni, car, fatigué et ne parvenant pas à se concentrer longtemps, il finit par s'agiter. Il reçoit ces appréciations négatives avec un sentiment d'injustice d'autant plus grand qu'il a l'impression de faire des efforts, seulement il n'y arrive pas ! Parfois, s'il se concentre énormément, il parvient à compenser son dysfonctionnement, l'adulte lui dira alors : « Tu vois, quand tu veux ! » » Mais au bout d'une demi-heure, il sera aussi fatigué que ses camarades après quatre heures de travail. Alors il s'effondre et se décourage. « Ces enfants sont en permanence en double tâche », explique Patricia Garouste. Elle mentionne le cas de cette petite fille qui, victime de dyslexie sévère, commence tout juste, en fin de CP, à associer deux lettres dans des syllabes simples, et encore, avec l'appui de gestes[2]. Aucun processus d'automatisation ne se construit ; elle ne reconnaît aucun mot, même les plus simples, et doit systématiquement tout décoder. La tâche scolaire devient colossale, presque insurmontable. « Si on n'identifie pas le problème rapidement pour venir en aide à l'enfant, souligne le pédiatre Jean-Paul Blanc, il entre dans un cercle vicieux ; il souffre, déprime, se sent nul, son estime de soi diminue, et le problème psychologique aggrave le problème scolaire. »

Le diagnostic « dys » crée un soulagement ; l'enfant comprend qu'il n'est pas bête, que ce n'est pas de sa faute, que c'est son cerveau qui fonctionne différemment. Le regard des parents et des professeurs change, une prise en charge et des aménagements pédagogiques adaptés sont proposés. Toutefois, lorsque l'enfant entre dans l'adolescence, il est fréquent que sa différence le questionne à nouveau, qu'il vive comme une injustice le fait de souffrir d'un trouble qualifié de handicap. D'autant qu'au collège la pression du groupe de pairs joue à plein : l'enfant en difficulté peut faire l'objet de remarques, brimades, voire entrer dans des problématiques de harcèlement.

2- Suivant la méthode phonétique et gestuelle de Suzanne Borel-Maisonny.

Souffrir bruyamment… ou sagement

Un enfant en échec, quelle qu'en soit la raison, est susceptible d'éprouver un sentiment d'infériorité, une blessure narcissique, de l'angoisse, de l'anxiété, et même de souffrir de dépression. En réaction à ce mal-être, soit il se tait, s'isole et se renferme sur lui-même (« il se fane », dit Patricia Garouste) ; soit il s'agite en permanence et décide de se faire remarquer autrement que par ses résultats, jouant les pitres ou chefs de bande ; soit il abandonne l'école (phobie scolaire, décrochage, refus d'apprendre). Les deux derniers cas alertent plus facilement les enseignants. Un élève qui a des troubles du comportement perturbe le bon déroulement de la classe, alors très vite le professeur déclenche le processus d'aide.

En théorie, face à un élève en difficulté, le maître met en place une pédagogie adaptée. Si ça ne fonctionne pas, il fait appel aux Rased (Réseaux d'aide spécialisée aux élèves en difficulté), qui apporteront à l'enfant une aide à dominante pédagogique, en cas de difficulté dans les apprentissages, ou à dominante rééducative, pour lui apprendre à devenir élève. En pratique, les Rased étant moins nombreux depuis la réforme de 2008[3], l'aide se raréfie et se concentre sur ceux qui « gênent ». Elle s'externalise et se médicalise aussi. Aujourd'hui, ce sont « les orthophonistes qui apprennent à lire aux élèves en difficulté », regrette Patricia Garouste.

Dans sa circonscription, dans les Bouches-du-Rhône, il n'y avait cette année plus de place en orthophonie dès le mois d'octobre. Et peu à peu, c'est la Sécurité sociale qui prend en charge la difficulté scolaire. On assiste là à un effet paradoxal de la loi de 2005 sur le handicap, qui a demandé à l'école d'accueillir tous les enfants, quelles que soient leurs difficultés et pathologies, et qui voit les enseignants se retirer rapidement de la prise en charge des élèves en difficulté, qu'ils confient aux AVS (auxiliaires de vie scolaire).

3- Entre 2008 et 2012, les Rased ont perdu un tiers de leurs effectifs, 5 000 postes ont été supprimés, selon les calculs de la FNAREN, Fédération nationale des associations des rééducateurs de l'Éducation nationale.

Dans ces circonstances, il n'est pas étonnant qu'on oublie ceux qui souffrent en silence, bien sagement au fond de la classe. Ils ne bougent pas, ne demandent pas d'aide, culpabilisant de ne pas savoir, et s'enfoncent. Souvent soigneux, ils donnent le change, mais s'appliquent sans comprendre. C'est sans doute la raison pour laquelle les filles, associant plus rarement que les garçons les difficultés d'apprentissage avec des troubles du comportement, sont sous-diagnostiquées en matière de « dys ».

Il est donc impératif, rappelle le Dr Chambry, que le signal d'alerte soit l'échec scolaire et non le comportement. « Je ne connais aucun adolescent qui ne soit pas triste de ne pas trouver sa place à l'école », ajoute-t-il. Quand il reconstruit l'histoire de ces jeunes qui rejettent l'école, il découvre souvent un CP très difficile et des enseignants qui ont dit aux parents : « Votre enfant ne fera jamais rien. » Et il renonce à apprendre. Mais ce n'est pas seulement à l'enfant à trouver sa place à l'école, c'est aussi à l'école et aux adultes de l'y aider. « Une école inclusive, souligne Patricia Garouste, ne se contente pas de recevoir tout le monde, elle travaille sur la différence pour mieux l'accepter et la comprendre, afin que chacun, quel qu'il soit, fasse partie de la mosaïque du groupe. »

« La difficulté de la scolarité, conclut Nicole Catheline, c'est qu'on ne sait pas ce qui revient à l'apprentissage, à la contrainte scolaire, à la relation avec l'enseignant… ; c'est un mélange de tout cela. La relation maître-élève demeure pour moi centrale, or on n'en parle jamais. Pourtant on a tous été enthousiasmés par des enseignants ou découragés dans certaines matières par d'autres. » De manière générale, le regard des adultes compte énormément. « L'enfant avant la puberté est une éponge », explique Jean Chambry, il s'identifie à l'image qu'on lui renvoie de lui-même. ». Bien des enfants, porteurs de handicaps mais extrêmement valorisés par leurs parents, sont parvenus à les dépasser et parfois même à les oublier. Il faut mobiliser l'enfant, l'aider à se sentir capable de réussir, lui donner confiance et envie d'apprendre. Mais pour cela, il est nécessaire d'établir un diagnostic précis. Alors on sera en mesure de proposer une aide adaptée et de permettre aux parents de trouver le juste équilibre.

À l'heure actuelle, 5 à 6 % des enfants présenteraient des difficultés scolaires, en raison de troubles spécifiques des apprentissages ; ils ne sont pour autant pas condamnés à souffrir. Quand l'information circule entre la famille, l'école et les différents thérapeutes, et que la prise en charge est coordonnée, réajustée régulièrement et priorisée, ça fonctionne. Certes, un enfant « dys » le sera toute sa vie, mais en l'accompagnant on lui permet de rentrer dans les apprentissages, de mettre en place des stratégies, d'avancer à son rythme, de s'accepter. La difficulté ne disparaît pas forcément, mais la souffrance oui.

Peggy Pircher

Le « retour du refoulé »

Jusque dans les années 1980, la psychanalyse expliquait le mal-être à l'école par des raisons psychologiques, lesquelles rendaient l'enfant indisponible aux apprentissages. Soit l'école faisait souffrir, par le système social contraignant qu'elle impose ; soit l'enfant y amenait ses propres préoccupations. Puis sont arrivées les neurosciences, selon lesquelles les difficultés d'apprentissage s'expliquent par des problèmes neurologiques spécifiques. « Il y a eu un mouvement de balancier assez caricatural, souligne Nicole Catheline. On a abandonné tout ce qui concernait le bien-être des enfants à l'école ; on a oublié qu'aller à l'école c'était entrer dans un système contraignant, quitter ses parents, être avec d'autres. On a négligé de traiter de la scolarité dans toutes ses dimensions, et aujourd'hui reviennent en force le harcèlement et la phobie scolaire, qui sont en quelque sorte le retour du refoulé. » On assiste à présent à un rééquilibrage, du moins chez les professionnels du soin, les approches psychanalytiques et neurocomportementales étant perçues comme complémentaires. Pour autant, le diagnostic « dys » est toujours recherché du côté des parents et des professeurs, car il donne accès à des droits et des aides, et que, ne remettant en cause ni l'environnement scolaire, ni l'environnement familial, il offre une lecture plus simple des difficultés.

P.P.

QUAND L'ENFANT A PEUR
Rencontre avec Mandy Rossignol

La peur est une émotion primaire indispensable à la survie de l'individu et de l'espèce. À l'instar des adultes, les enfants sont en proie à des peurs diverses d'intensité variable. Les unes relèvent de l'imaginaire, comme quand ils redoutent de rencontrer un loup ou un fantôme ; les autres sont ancrées dans la réalité de la vie. Elles se réfèrent alors à des concepts tels que la mort ou la maladie.

La plupart de ces peurs témoignent du développement de l'imaginaire de l'enfant et de sa compréhension du monde. En cela, elles sont normales et utiles. Parfois cependant, elles deviennent intenses et persistantes, dérivant vers un trouble anxieux. Dans ce cas, elles perturbent la vie quotidienne de l'enfant et de sa famille et, non résolues, hypothèquent son équilibre, sa vie sociale, sa scolarité et même son avenir à l'âge adulte.

La psychologue Mandy Rossignol et ses collègues de l'université du Luxembourg ont entamé une vaste enquête auprès de 5000 enfants de 8 à 12 ans pour évaluer les symptômes anxieux présents aux différents âges et leur prévalence. Ils viennent également de recevoir un budget pour étudier le rôle des biais relatifs à la perception qu'a l'enfant de ses sensations corporelles dans le développement de l'anxiété pathologique.

Peur du noir, des monstres, des chiens… La peur joue-t-elle un rôle dans le développement de l'enfant ?

Assurément. Éprouver certaines peurs est une nécessité pour se construire. En règle générale, elles apparaissent à des moments bien précis au cours du développement de l'enfant. Vers 8 mois, le bébé se met à redouter les visages qui ne lui sont pas familiers, puis apprend peu à peu à affronter sa crainte des inconnus. Au moment des premières expériences d'éloignement des parents éclôt la peur de la séparation. Elle peut se manifester en différentes circonstances comme lors de la mise au lit ou de l'arrivée à l'école le matin. Toutefois, l'enfant s'habituera petit à petit à vivre sans la présence constante de ses parents.

Progressivement, de nouvelles craintes le gagneront en réponse au développement de son imagination. Il redoutera les gros animaux (comme certains chiens), les loups, les créatures surnaturelles (fantômes, sorcières, vampires…) et le noir ou, plus exactement, les endroits sombres où ces « monstres » pourraient être tapis. Ce type de peurs perdure habituellement jusqu'à environ 8 ans. C'est à la même époque que la réalité du monde et de la vie rattrape l'enfant, que naissent chez lui des peurs rationnelles incarnées par d'autres spectres : ceux dont il a entendu parler autour de lui et que les médias agitent avec insistance – la maladie, la guerre, l'accident, la mort de proches…

Les peurs sociales, elles, apparaissent à l'adolescence, vers l'âge de 12-13 ans. Le jeune redoute alors d'être ridicule, différent des autres, stupide ; il nourrit des inquiétudes à propos de son physique, des relations amicales et amoureuses, de son intégration sociale et de son avenir. Mais, encore une fois, l'émergence successive de différentes catégories de peurs selon un ordre bien établi n'est que le reflet de processus développementaux. Il n'y a donc pas lieu de s'en inquiéter.

Quand faut-il intervenir ? Où se situe la frontière entre le normal et le pathologique ?

La persistance de certaines peurs au-delà de l'âge où elles sont censées s'être étiolées doit éveiller le questionnement. Ainsi, on peut s'interroger sur le caractère pathologique de l'anxiété d'un enfant de 9 ans qui éprouve une forte angoisse quand il doit quitter sa mère. De même, qu'un préadolescent de 12 ans reste profondément imprégné de la peur des chiens peut s'inscrire dans le cadre d'une phobie.

L'anxiété est normale dans de nombreuses situations. Quel étudiant n'a été anxieux avant un examen ? La porte de la pathologie s'ouvre lorsque l'anxiété échappe au contrôle de l'individu et, survenant sans raison ou de manière disproportionnée, entrave son fonctionnement quotidien. Si un enfant a exprimé la peur de prendre le bus, mais s'est calmé une fois à son bord, il n'y a pas de véritable souci à se faire. En revanche, si l'épisode se répète et que l'enfant ment, trouve mille prétextes pour éviter ce moyen de transport, ses parents doivent s'interroger. Est-il perturbé à l'idée d'un accident de la route ? Est-il maltraité dans le bus par d'autres enfants ? Lorsque l'anxiété revêt une composante d'évitement, il faut consulter sans attendre, d'autant que se dérober va renforcer la peur.

Les troubles anxieux dont souffrent les enfants et les adolescents sont-ils de même nature que ceux qui touchent les adultes ?

Oui, à quelques nuances près. Phobies spécifiques, trouble panique, anxiété généralisée, anxiété sociale, trouble de stress post-traumatique, troubles obsessionnels compulsifs se retrouvent chez l'enfant comme chez l'adulte. Seule l'anxiété de séparation apparaît plus typique de l'enfance, bien qu'elle ait été observée également, mais de façon parcimonieuse, au sein de populations adultes dans le cadre de comportements dépressifs.

Comparés à leurs camarades, certains enfants paraissent très « peureux ». Quels sont les facteurs qui favorisent leur anxiété ?

Tout d'abord, l'implication de facteurs biologiques d'origine génétique est indubitable. Des études où était comparée l'évolution de jumeaux et d'enfants adoptés ont souligné l'implication de l'hérédité dans le développement et la persistance de l'anxiété. Le tempérament joue aussi un rôle majeur. Les enfants souffrant d'anxiété sociale, par exemple, affichaient déjà une certaine inhibition comportementale et de la timidité dans leur prime enfance.

Les facteurs sociaux se révèlent d'une importance capitale. Ainsi, être membre d'une famille percevant le monde extérieur comme menaçant n'aura pas le même impact sur le développement de la sociabilité de l'enfant qu'appartenir à une famille ouverte et accueillante. Dans le phénomène anxieux, il existe une intrication complexe de facteurs individuels et environnementaux.

Des biais cognitifs alimentent l'anxiété. À l'université du Luxembourg, vous vous intéressez particulièrement à certains d'entre eux. Lesquels ?

Ceux qui ont trait à la perception du corps. Les enfants anxieux accordent une attention accrue à leurs sensations physiques quand ils se sentent mal. Si un écolier souffrant d'anxiété sociale est envoyé au tableau, il se braquera sur sa transpiration, le tremblement éventuel de ses mains, le fait qu'il rougit, etc. Il sera persuadé que tout le monde se focalise sur ces signes corporels et il les interprétera de façon catastrophique. Son anxiété n'en sera que renforcée.

Comment prendre en charge les troubles anxieux de l'enfant ?

La thérapie cognitivo-comportementale donne de bons résultats chez les enfants dès 7-8 ans. Elle repose sur trois axes. Au niveau cognitif, l'enfant va apprendre à reconnaître ses émotions et ses pensées, puis à s'en distancier. Au niveau comportemental, il sera encouragé à affronter ce qu'il redoute. Enfin, la gestion des symptômes corporels de l'anxiété sera favorisée à l'aide de techniques de relaxation. Les approches basées sur la pleine conscience sont intéressantes. Chez les plus jeunes, une thérapie du développement pourra travailler les angoisses massives, non formulables. Et dans tous les cas, les parents seront des partenaires essentiels pour le thérapeute.

Propos recueillis par Philippe Lambert

FAUT-IL MÉDICALISER LA TRISTESSE ?

Imaginons trois enfants dans une classe primaire qui manifestent tous trois une grande irritabilité. Le premier a changé d'école en cours d'année, il est arrivé il y a trois semaines dans sa nouvelle classe. Depuis que les parents du deuxième ont divorcé, il y a de cela trois mois, l'enfant se plaint de maux de ventre répétés, dit qu'il n'a « envie de rien », ne veut plus inviter de copains à la maison et, plusieurs fois par semaine, mouille son lit. Le troisième vient d'avoir une petite sœur. À la suite de l'accouchement de sa mère, il s'est montré, pendant trois semaines, très agité et opposant, puis s'est spontanément calmé.

Chez le premier enfant, ce comportement s'explique fort bien par un changement récent de mode de vie. Chez le deuxième, son irritabilité associée à d'autres symptômes témoigne d'une souffrance psychique qui doit être mise en mots, entendue, et soignée – car tout indique qu'on est en présence d'une humeur dépressive. L'agitation temporaire du troisième s'explique par l'arrivée très récente d'un nouveau bébé. Pourtant, il se peut que, parce qu'ils présentent la même irritabilité, ces trois enfants soient suspectés d'être dépressifs.

Angoisse parentale

Il y a vingt ans, l'existence de troubles dépressifs chez l'enfant était totalement déniée par une partie du milieu médical. Hors du cercle des pédopsychiatres formés à la psychanalyse, nombreux étaient les médecins généralistes qui, en présence d'un jeune enfant présentant des troubles du sommeil chroniques, une énurésie, ou se plaignant de maux de ventre répétés, n'auraient jamais pensé qu'il puisse s'agir d'un syndrome dépressif et privilégiaient l'hypothèse organique. On partait du principe que la dépression était une maladie de la conscience morale et que ce mal de vivre ne pouvait donc toucher que des individus adultes, les capacités cognitives d'un enfant étant insuffisantes pour développer un état dépressif.

La popularisation dans les médias des théories psychanalytiques, le développement des neurosciences, et une attention de premier plan accordée au bien-être de l'enfant et au dépistage précoce de certains troubles du comportement ou du développement ont totalement inversé la donne. Désormais, c'est tout le contraire. Résultats scolaires en chute, indiscipline, agitation, troubles de la concentration… Au moindre symptôme qui, pense-t-on, manifeste un écart à la norme par rapport à une classe d'âge donnée, les enseignants tirent la sonnette d'alarme, les parents se précipitent avec leur enfant chez le généraliste ou se persuadent qu'il faudrait qu'il aille « voir quelqu'un ». Cette angoisse parentale doit être respectée et entendue. Et il faut toujours dans ce cas recevoir l'enfant pour vérifier ce qu'il en est. Mais, la plupart du temps, ces craintes traduisent un fléau contemporain : la médicalisation de la tristesse.

Certes, l'OMS prévoit qu'en 2020, la dépression sera devenue, après les maladies cardiovasculaires, la deuxième cause d'invalidité dans le monde. Mais en réalité, la plupart des études épidémiologiques s'accordent à dire que, chez les 6-12 ans, on trouverait, en population générale, une prévalence de la dépression de l'ordre de 0,5 % chez l'enfant, avec un *sex ratio* de 2 garçons pour 1 fille (ce chiffre augmente à 3 % avec un *sex ratio* de 2 filles pour 1 garçon chez l'adolescent).

La dépression infantile avance masquée

Le diagnostic du trouble dépressif est rendu plus difficile du fait que l'on trouve chez l'enfant un certain nombre de symptômes qui sont des masques de la dépression. En effet, la dépression infantile ne se manifeste pas souvent par de la tristesse. Il convient d'être particulièrement attentif quand les signaux suivants se manifestent et se prolongent au-delà d'un mois : troubles psychosomatiques (maux de ventre répétés, maux de tête récurrents…), retrait social, troubles du sommeil et de l'alimentation (perte d'appétit allant jusqu'à l'anorexie, boulimie), énurésie, stagnation à long terme de la courbe de poids, refus répété de se lever le matin pour aller à l'école, ennui persistant… Chez les plus grands (6-13 ans), il est fréquent de distinguer deux expressions symptomatiques associées : tristesse autodépréciative, colère, agressivité, vols, mensonges. Dans tous les cas, l'examen clinique cherchera toujours si l'enfant a été confronté à une perte réelle (deuil, divorce…) ou symbolique (déménagement, arrivée d'un nouvel enfant dans la fratrie…) et s'il existe dans la famille des antécédents dépressifs.

Mais attention, parfois un enfant peut présenter ce type de symptômes de façon très temporaire sans qu'il s'agisse d'une dépression. Ce n'est pas parce que l'enfant mouille son lit une fois ou qu'il dit un gros mensonge qu'il faut l'emmener consulter. Chez l'enfant comme chez l'adulte, la tristesse est un affect humain normal. Ce n'est que quand elle se prolonge dans le temps et quand elle dépasse une certaine intensité, qui rend la vie familiale, scolaire et amicale difficile qu'il y a lieu de s'inquiéter.

Les bébés ne sont pas non plus épargnés par la dépression. Chez eux, le tableau clinique est différent : absence de pleurs ou de larmes, regard éteint, conduites répétées ou monotones, mouvements de balancements, absence de réaction aux sollicitations, mimiques pauvres, anorexie…

Psychothérapie ou antidépresseurs ?

Il existe plusieurs traitements qui ont prouvé leur efficacité, depuis la psychothérapie individuelle une fois par semaine jusqu'aux groupes de paroles pour les enfants confrontés à des problèmes de socialisation. Les traitements médicamenteux, type antidépresseurs, ne devraient être prescrits, avec la plus grande prudence et un suivi médical réel, qu'aux enfants qui souffrent de dépression sévère avec des idées suicidaires. Pourtant, si le nombre d'enfants dépressifs n'a pas augmenté depuis les années 1990, la prescription d'antidépresseurs pour cette jeune population a explosé : 1,5 million d'enfants américains et 40 000 jeunes Français de moins de 18 ans en prendraient…

Sarah Chiche

ALORS HEUREUX ?
MESURER LE BIEN-ÊTRE DE L'ENFANT

Jamais la question du bien-être individuel ne s'est autant (im)posée. Le bien-être des adultes, certes, mais aussi celui de nos bambins. Car depuis l'avènement de la pédiatrie, de la psychanalyse et de quelques travaux clés de la fin du XIXe siècle, les enfants, autrefois considérés comme de simples tubes digestifs et adultes en devenir, sont promus au rang d'individus à part entière. Des « personnes » dont il faut respecter la singularité, les désirs et les besoins. Si le règne doltoïste de l'enfant-roi semble en cours de déclin, la question de l'épanouissement de ces épicuriens en herbe est, quant à elle, sur le devant de la scène. Depuis une vingtaine d'années, et surtout depuis les cinq dernières, chercheurs et spécialistes s'attellent à la question de leur bien-être.

Mesurer le bien-être des enfants : un défi de taille

Mais comment le mesurer? Sur quels critères objectifs se baser? Lorsque les chercheurs en psychologie sociale souhaitent évaluer le degré d'épanouissement des adultes, ils peuvent toujours leur soumettre un questionnaire. Pour ce qui est des enfants, la question se corse, même si cette variable demeure complexe à estimer quelle que soit la tranche d'âge. « En général, on se base sur l'humeur. L'enfant est dans un état de bien-être lorsque son humeur est égale, stable, qu'elle se situe du côté de la gaieté et du dynamisme », nous répond Aldo Naouri, pédiatre, psychanalyste et auteur de *L'Enfant bien portant*[1]. Didier Pleux, docteur en psychologie du développement, psychologue clinicien et auteur de *Un enfant heureux*[2] et de *Françoise Dolto. La*

1- A. Naouri, *L'Enfant bien portant. Les fondamentaux*, Odile Jacob, 2010.
2- D. Pleux, *Un enfant heureux*, Odile Jacob, 2010.

déraison pure[3], nous précise qu'un « enfant est heureux quand il est heureux d'être enfant, c'est-à-dire quand il se satisfait de son statut d'enfant, qu'il en accepte les règles et les contraintes ».

Depuis quelques dizaines d'années, les spécialistes qui souhaitent évaluer le bien-être de ces hédonistes hauts comme trois pommes se focalisent alors sur des critères observables : l'enfant manifeste-t-il spontanément de la satisfaction ? Exprime-t-il des émotions positives ? S'engage-t-il de lui-même dans des activités ? Des consortiums de chercheurs ont développé des indices à l'échelle nationale et internationale sur la base de données empiriques. En Angleterre, le Child Well-Being Index (CWI) s'axe sur le bien-être matériel des enfants, leur santé, leur éducation, la délinquance, la qualité de leur logement et de leur environnement. Aux États-Unis, l'indice Child and Youth Well-Being se base sur sept domaines distincts, dont le bien-être économique de la famille, la présence de conduites à risque, la possibilité de tisser des relations sociales, le bien-être émotif et spirituel, les compétences scolaires, le degré d'engagement de la communauté, la santé.

Non à la consommation, oui à la frustration

Toutefois, contrairement aux idées reçues, l'enfant le plus riche, le meilleur élève, et le plus gâté, archétype de « l'enfant idéal » du XXIe siècle, n'est pas le plus heureux. Selon Alain Sotto, psychopédagogue, président de l'Association de recherches en neuropédagogie (ARN) et auteur de *Que se passe-t-il dans la tête de votre enfant ?* (2011), la position de cancre comme celle de l'élève brillant sont toutes deux exposées à la pression des parents, des enseignants et des autres élèves, réel frein au bien-être. L'enfant le plus épanoui serait l'élève « moyen » qui profiterait de l'école pour nourrir sa curiosité tout en conservant une position discrète vis-à-vis de son entourage[4].

Des chercheurs se sont quant à eux focalisés sur le lien entre l'épanouissement et la tendance à la consommation chez l'enfant.

3- D. Pleux, *Françoise Dolto. La déraison pure*, Autrement, 2013.
4- P. Adamson, *Le Bien-être des enfants dans les pays riches. Vue d'ensemble comparative*, Unicef, 2013.

Selon une étude menée par l'université d'Amsterdam en 2012, plus un enfant est malheureux, plus il sera sensible aux publicités télévisuelles, plus il risque de croire que posséder les produits est source d'épanouissement et de réussite[5]. En effet, comme le spécifie Suzanna Opree, directrice de l'étude, la publicité enseigne aux enfants que l'épanouissement s'acquière notamment par la possession, un état d'esprit auquel s'accrochent les enfants les moins satisfaits de leur vie. Une mentalité qui n'est pas prête de s'affaiblir: chaque année, les petits Anglais s'exposent à une moyenne de 10 000 publicités sur le petit écran, contre 40 000 pour les petits Américains, soit environ 109 par jour. « En ce XXIe siècle, l'enfant fait l'objet d'une surstimulation, d'une surconsommation, d'une surcommunication, d'une surprotection. On en fait trop. Non, l'éducation permissive ne rend pas heureux! À force de vouloir le préserver, on l'affaiblit », s'insurge D. Pleux. Un point qu'A. Naouri confirme: « Cet accent mis sur l'enfant a impulsé ce que j'appelle "l'infantolâtrie". Ce qui est nuisible car du moment que l'on idolâtre un enfant on cherche à le satisfaire, à le combler. On tue alors son précieux désir. » Les spécialistes sont alors unanimes: la frustration demeure la pierre angulaire de l'épanouissement d'un enfant. Rendre un enfant heureux, c'est avant tout lui apprendre à différer la satisfaction, à (re)découvrir le goût de l'effort et à vivre en adéquation avec le principe de réalité. Pour le meilleur comme pour le pire.

Héloïse Junier

5- S. Opree *et al.*, *Pediatrics*, 20 août 2012.

INDEX

ONT CONTRIBUÉ À CET OUVRAGE

Véronique Bedin
Directrice des éditions Sciences Humaines. A dirigé plusieurs ouvrages dont *Qu'est-ce que l'adolescence?* (2009) et *La Parenté en question(s)*, avec Martine Fournier (2013).

Sarah Chiche
Psychologue clinicienne, psychanalyste, et écrivain.

Marie-Noëlle Clément
Psychiatre, psychothérapeute, médecin directeur de l'hôpital de jour pour enfants du CEREP-PHYMENTIN, à Paris, elle a écrit *Comment te dire? Savoir parler aux tout-petits*, paru aux éditions Philippe Duval, en 2013.

Boris Cyrulnik
Neuropsychiatre, Boris Cyrulnik est aussi directeur d'enseignement à l'université de Toulon. Il est l'auteur de nombreux ouvrages, notamment sur l'idée de résilience: *Un merveilleux malheur*, Odile Jacob, 1999; *Les Vilains Petits Canards*, Odile Jacob, 2001, rééd. 2004; *Le Murmure des fantômes*, Odile Jacob, 2003, rééd. 2005; *De chair et d'âme*, Odile Jacob, 2006. Dernier ouvrage: *Les Âmes blessées*, Odile Jacob, 2014.

Anne Dafflon Novelle
Docteure en psychologie sociale, elle a notamment coordonné l'ouvrage *Filles-Garçons. Socialisation différenciée* (Presses universitaires de Grenoble, 2006) et est à l'origine de www.aussi.ch, qui détaille genre et enfance à travers une large palette de thèmes.

Jean-François Dortier
Fondateur et directeur du magazine *Sciences Humaines*.

Martine Fournier
Conseillère de la rédaction de *Sciences Humaines*.

Bernard Golse
Pédopsychiatre-Psychanalyste (Membre de l'Association psychanalytique de France). Chef du service de Pédopsychiatrie de l'Hôpital Necker-Enfants Malades (Paris). Professeur de Psychiatrie de l'enfant et de l'adolescent à l'Université René Descartes (Paris 5). Parmi ses nombreux ouvrages, citons: *L'Être-bébé*, Puf, coll. « Le fil rouge », 2006; avec L. Alvarez, *La Psychiatrie du bébé*, Puf, coll. « Que sais-je? », 2008, 2013 ; avec M.R. Moro, *Le Développement psychique précoce* (De la conception au langage), Elsevier

Masson, coll. « Médecine et psychothérapie », 2014.

Jean-Yves Hayez
Pédopsychiatre, docteur en psychologie, professeur émérite à l'Université catholique de Louvain (Belgique). Il est notamment l'auteur de *La Sexualité des enfants* (Odile Jacob, 2004) et de *La Parole de l'enfant en souffrance. Accueillir, évaluer et accompagner* (avec E. de Becker, Dunod, 2010). Dernier ouvrage: *Psychothérapies d'enfants et d'adolescents*, Puf, coll. « Le fil rouge », 2014.

Olivier Houdé
Professeur de psychologie à l'université Paris-V, directeur du Laboratoire de psychologie du développement et de l'éducation de l'enfant (LaPsyDé/CNRS). Membre senior de l'Institut universitaire de France. Il vient de publier *Le Raisonnement*, Puf, coll. « Que sais-je? », 2014.

Héloïse Junier
Psychologue clinicienne et journaliste. Elle intervient dans un réseau de crèches collectives. Elle anime des formations sur la psychologie de l'enfant, ainsi que la communauté Facebook « La psy contre-attaque ». (site: heloisejunier.com)

Michèle Kail
Directrice de recherche émérite au CNRS (Laboratoire Structures formelles du langage, CNRS & Paris 8). Dernier ouvrage paru: *L'Acquisition du langage*, Puf, coll. « Que sais-je? », 2012.

Roger Lécuyer
Professeur émérite, université Paris-Descartes. Il a récemment publié: *L'Intelligence de mon bébé en 50 questions*, Dunod, 2014 et *La Construction des premières connaissances*, Dunod, coll. « psycho sup. », 2014.

Héloïse Lhérété
Rédactrice en chef du magazine *Sciences Humaines.*

Jean-François Marmion
Rédacteur en chef du magazine *Le Cercle psy.*

Peggy Pircher
Journaliste.

Laurence Rameau
Puéricultrice, formatrice de professionnels de la petite enfance. Elle est notamment l'auteure de *Pourquoi les bébés jouent*, Philippe Duval, 2011.

Mandy Rossignol
Docteur en psychologie, chercheuse à l'université du Luxembourg et à l'université catholique de Louvain.

Anne-Claire Thérizols
Journaliste et ancienne rédactrice en chef du magazine *Côté Mômes.*

Serge Tisseron
Psychiatre et psychanalyste, docteur en psychologie, enseignant à l'université Paris-X. Auteur notamment de *Rêver, fantasmer, virtualiser. Du virtuel psychique au virtuel numérique*, Dunod, 2012. blog: /sergetisseron.com

TABLE DES MATIÈRES

Cet ouvrage a été conçu à partir d'articles tirés du magazine *Sciences Humaines*, revus et actualisés pour la présente édition. Les encadrés non signés sont de la rédaction.

Achevé d'imprimer en avril 2015 par CPI Firmin Didot
Dépôt légal : deuxième trimestre 2015 (127046)